名校的炼成

与上海22位中学校长对话录

澎湃新闻 组编

韩晓蓉 采访 | 撰稿

上海大学出版社

图书在版编目(CIP)数据

名校的炼成：与上海22位中学校长对话录 / 澎湃新闻组编；韩晓蓉撰稿. —上海：上海大学出版社，2019.8
ISBN 978-7-5671-3674-8

Ⅰ.①名… Ⅱ.①澎… ②韩… Ⅲ.①中学-校长-学校管理-上海-文集 Ⅳ.①G637.1-53

中国版本图书馆CIP数据核字(2019)第161172号

责任编辑　陈　强
装帧设计　倪天辰
技术编辑　金　鑫　钱宇坤

名校的炼成

与上海22位中学校长对话录

澎湃新闻　组编

韩晓蓉　采访/撰稿

上海大学出版社出版发行
(上海市上大路99号　邮政编码200444)
(http://www.shupress.cn　发行热线021-66135112)
出版人　戴骏豪
＊
南京展望文化发展有限公司排版
上海华业装潢印刷厂有限公司印刷　各地新华书店经销
开本890mm×1240mm　1/32　印张7.75　字数187千
2019年8月第1版　2019年8月第1次印刷
ISBN 978-7-5671-3674-8/G·3028　定价34.00元

序一　守正创新，培养好人

复旦大学基础教育集团主任　黄金辉

教育是国之大计、党之大计。

在上海市全市上下深入学习贯彻习近平总书记关于教育的重要论述和全国教育大会精神，全面部署实施国家和上海教育现代化2035，积极动员为加快推进上海教育现代化、办好人民满意的教育而努力之际，澎湃新闻的专题栏目"名校长访谈"结集成书：《名校的炼成——与上海22位中学校长对话录》。这是在非常适当的时机，就全民关心的主题，以互动访谈的形式，深入总结走在世界基础教育领域前列的"上海经验"与"上海贡献"，全面展示当代中国基础教育最先进的教改成果、最具有启发与借鉴意义的教育实践、最优秀校长们的办学治校思想。

近年来，上海市基础教育成就非凡，一直在强力吸引着全国乃至全世界的目光：多次在PISA测试中取得世界第一的骄人成绩，成为全国第一个整体实现县域义务教育均衡发展的省市，在基础教育改革方面"敢为天下先"接连创造了诸多全国第一，教师教学水平一直处于国际领先地位。然而，即便如此，从广大教师到学生家长乃至社会各界人士，依然对基础教育保持着一如既往的高度关注和热烈讨论,因为人们知道"教育为未来生活之准备",或者像蔡元培先生所说"教育者,非为已往,非为现在,而专为将来"。那么今天的基础教育究竟该如何为未来做好准备?本书直击当下人们对于基础教育领域所最为关切的热点、焦点和痛点,对今后教学改革具有一定的启发和借鉴意义。

未来已来。党的十九大明确提出,中国已经进入了中国特色社会主义的新时代,2035年基本实现社会主义现代化,2050年建成社会主义现代化强国。面对国家的新时代、新发展、新未来,教育有哪些新挑战、新需求、新机遇?正在培养和即将培养的千千万万青少年将成为"两个一百年"奋斗目标的中坚力量,将全程参与宏伟历史创造,他们需要什么样的素质、什么样的面貌、什么样的精神和能力来面对未来的重担和历史的挑战呢?身为地球村中的一分子,新一代的中国青年学子不仅要为国家发展、民族复兴尽一份力量,还要胸怀天下,为绘制全人类发展的世界愿景,建设共有的美好家园承担责任、付出努力。对此教育又该如何培养学生"做人,做中国人,做现代中国人",成为具备一定全球胜任力(global competency)的新时代人才呢?与此同时,人工智能时代已经来临,机器人在未来社会不仅是人类的"仆人",也是人类不可或缺的生活与工作"伙伴",甚至也有可能成为人类的"毁灭者",那么今天的教育又该如何培养和引导学生在科学技术与人文伦理两方面做好准备,拥抱智能未来,迎接即将到来的"人机共生"的新时代?

大道至简。在本书中,上海19所中学的校长们结合自身在基础教育领域长期的摸爬滚打中所收获的经验,在持续的理论学习中所总结的心得,在不懈地改革探索中所形成的思考,以自己常年在教育教学一线工作中脚踏实地的耕耘实践为典型案例,研究分析未来教育工作即将面临的新形势、新问题、新任务,内容深入浅出、活泼生动、具体可感，并且给出了一个令人信服的答案：守正创新，培养好人。

"守正"在于把握教育本质，本固而枝荣，坚守"为了每一个学生的终身发展"的教育理念。"博雅教育""卓越教育""中西融合教育""AI课改教育"等不同教育模式各有自身的特色，但其根本性的追求都是全面素质教育，都是以落实核心素养作为发展素质教育的主攻方向。核心素养是"一个人面对未来社会和今后自我发展的必备品格和关键能力"，面对复杂的、不确定的未来，未来人最重要的素养是解决复杂问题的能力、社会与情感能力、批判性思维与创造力等。校长们敏锐地认识到未来人的需求，构筑真正意义上的育人体系。"一切为学生的健康成长，关注学生三年成长，更关注其今后三十年的人生发展"；努力把学生塑造成"大写的人"，立德树人，认真回应"为谁培养人、培养什么样的人、怎样培养人"这一历史之问、时代之问，引导学生做一个有理想、有素养、有担当的社会主义建设者和接班人，绝不培养"精致的利己主义者"……校长们的具体表述各有不同，但对于"人，之所以为人"的理念却是渗透在他们回答的字里行间的共同主题。

"守正"在于以人为本，真正把教师放在学校工作的"C位"。教师是立教之本、兴教之源，是教育一线的亲历者与实践者，承担着让每个孩子健康成长、办好人民满意教育的重任。聪明的"掌门人"按照"教师第一、职工第二、校长第三"的次序，大力加强教师队伍的素质与能力建设：四十以下教师必须两年回大学培训学习一次并且完成大学的考核、成立教师发展中心设计校内教师专业发展体系、制定"不读书的教师，不重用、不提拔"的军规等有力举措，都是旨在帮助教师牢固树立终身学习的理念，鼓励教师加强学习，拓宽视野，更新知识，不断提高业务能力和教育教学质量，争做"四有"好老师。在全面提升现有教师素质水平的同时，张开双臂、积极"纳新"也表现出了"掌门人"的求贤若渴。面向全球招聘师资、不拘学位、毕业学校唯才是举、实施"首席教师制"、深化收入分配制度改革等人事管理制度上的突破与创新，对优秀教师引领作用的发挥和青年教师的培养成长都起到了非常正面的促进作用。这些以人为本的改革举措，充分体现出了"掌门人"的决心：打造一支师德高尚、业务精湛、结构合理、充满活力的高素质专业化教师队伍，这是办校治学不可或缺的第一资源。

"创新"是发展源泉。校长们一方面不断与时俱进，不断加深对教育规律的认知和理解；另一方面又务实地基于本校实际情况和自身发展需求，围绕人才培养的根本目标，在育人模式、国际化战略、信息化与人工智能课改、评价机制等方面积极采取改革措施，形成了以提升教育质量为核心的一整套基础教育领域的创新机制。校园"马拉松"活动、"六个百分之百"项目、"用手触摸历史、用脚丈量世界"行走课程、国家课程国际化与国际课程本地化交汇融合等丰富精彩的改革创新之举，都充分体现以先进理念为引领、以课程改革为核心的教育发展趋势。面向未来，我们将更加追求教育对"人"本身的价值，更加关注以人的全面而多元发展为特征的综合性质量追求，更加注重需求导向个性化、多样化的培养模式，更加强调社会实践培养学生品质的重要性以加快学生核心价值观内化与吸收。"守正"基础上的"创新"，有助于培养"好"一个"人"，培养一个"全面发展且有个性的好人"，一个大写的人，一个能够适应未来社会发展需求的中国人。

"凡是过去，皆为序章。"在为上海市基础教育工作点赞、为名校"掌门人"打 call 的同时，我们更应该清醒地认识到未来的挑战，认真思考当下可能存在的问题与需求，更应该努力让我们的教育事业有更明确的发展目标、更科学的理念指导，更符合学生、家长与社会各界的需求，更关注人的发展与提升，在新时代的伟大实践中做出新的更大的贡献。

"侠之大者，为国为民。"为国育才、为民育子、为社会育栋梁、为未来育希望的教师们都是"江湖大侠"。作为基础教育领域一名新人，作为一个关心基础教育工作的学生家长，当我手捧本书稿时，我简直是如获至宝，宛如初出茅庐正要行走江湖的学渣，幸运偶得《九阴真经》；宛如半夜三更潜入少林寺藏经阁偷看武功秘笈的灰衣僧，如饥似渴地阅读书中的每一句话；宛如侠客岛上参研绝学的愚钝之徒，如痴如醉地学习名校"掌门人"治学治校的真知灼见。受友所托，仓促为序，试图诠释我向方家大伽们"偷师"到的最前沿的治校理念和教育思想，难免将"江流天地外，山色有无中"的绝美唐诗练成了"犟牛跌地歪，闪射又勿中"的躺尸剑法，才疏学浅与偏颇不足之处，尚祈各位大侠不吝指正。

序二 探寻基础教育的"上海秘密"

澎湃新闻常务副总编 李智刚

一流城市孕育一流教育,一流教育成就一流城市。

上海基础教育能力之强已经成了全球都在探寻的"上海秘密"。2009年,上海组织学生参加国际学生评估项目(PISA)测试,夺得数学、阅读、科学三项第一,有媒体点评称之为"震惊世界"。2012年上海学生再次在该项测试中夺冠。2014年,由此而产生了中英两国的一个合作项目——60名上海教师赴英国,帮助当地学校提高数学教学水平。

2015年,华东师范大学出版社出版的王牌教辅书《一课一练》版权输出至英国,引发全球关注。

除了学生,上海的教师也让世界惊艳。TALIS,亦即教师教学国际调查,2016年2月,作为PISA测试的组织方,经济合作与发展组织(OECD)公布教师教学国际调查项目的"上海答卷"——上海初中教师的表现总体上远超国际平均水平,相对于参加调查的38个国家和地区,至少在10个指标上取得"世界之最"。

于是,几年中,上海基础教育迎来一批又一批国外教育界同行的探访，得到外国同行的一致称赞。

一批一批的英国教师来到上海，一批一批的上海教师前往英国，个中缘由在于，英国政府想要学习借鉴上海的数学教育经验。从2014年至今，中英数学教师交流项目实施三轮，已有720人次教师参与跨国互动。

上海也站上了中国的教育高地——改革开放40周年之际，党中央、国务院授予100名同志"改革先锋"称号，颁授"改革先锋"奖章，上海市杨浦高级中学名誉校长于漪在人民大会堂受到表彰，成为来自基础教育领域的唯一代表。她是上海教育的骄傲，也堪为中国教师的楷模。

谈到上海的基础教育，教育部副部长、上海市原副市长翁铁慧的总结最为精辟——上海基础教育的成功，政府、学校、家长三方面都做出了贡献：政府方面，有连贯稳固的政府规划，以常住人口为基数，加强区域合理布局，让每一类在上海常住的孩子有学上——有教无类。三十年如一日推进教改，着力提高农村薄弱学校等的教学水平。学校方面，通过教研组、年级组等方式，不断探索有效的教育方法。而上海的家长，又是一贯的望子成龙。政府、学校、家长三方面的结合，这是上海基础教育的中国智慧，是对世界的贡献。

如今的上海基础教育"为每一个学生的终生发展奠定了基础"，让每个孩子有学上，每个孩子上好学。无论家庭背景、家长的工作经历如何，无论在哪所学校就读，教育都能丰富孩子的内心世界，养成良好的习惯，并让他们充满自信地走出校园。

上海市教委表示："基础教育的目的是为了每一个孩子的终身发展，它不是短跑，而是马拉松。它不在于赢在起点，而在于赢在终点，赢在未来。"

接下来，上海的基础教育要更追求学生个性得到发展，潜能得到激发，创新意识得到增强。

2019年3月22日，上海市召开教育大会，全面部署实施国家和上海教育现代化2035，动员全市上下为加快推进上海教育现代化、办好人民满意的教育而努力。

教育是城市核心竞争力的重要支撑，承载着每一个家庭对美好生活的向往，信息技术的加速突破，正在不断重塑教育形态。要面向全球、面向未来，主动识变、应变、求变，相信上海将服务好长三角一体化发展国家战略，积极促进长三角教育一体化，到2035年将实现更高水平、更高质量的教育现代化，建成与具有世界影响力的社会主义现代化国际大都市相匹配的一流教育，做到基础教育优质均衡，让每一个学习者都能得到全面而有个性的发展、都能享有人生出彩的机会。

2019年，是中华人民共和国成立70周年，是全面建成小康社会、实现第一个百年奋斗目标的关键之年，是深入贯彻落实全国教育大会精神开局之年。上海要在落实中央关于教育改革的重大决策部署上继续做好"排头兵"、下好"先手棋"，为全国教育改革的推进贡献上海经验和上海方案，谱写深化教育改革、推进教育现代化的新篇章。

实践中，上海基础教育有哪些可复制、可推广的经验？经过长时间的筹备，澎湃新闻对上海基础教育领域的22位名校长进行了深入访谈，写下一篇又一篇"上海名校炼成记"，探寻上海基础教育的秘密，并以系列对话"名校长访谈"的形式，在澎湃新闻陆续刊发，引起了各方的强烈反响，受上海大学出版社之邀，将访谈内容结集为《名校的炼成——与上海22位中学校长对话录》以飨读者，也为教育现代化贡献一份力量。

目录 CONTENTS

培养家国情怀，切忌形式主义
　　——对话华东师大二附中校长李志聪 …………… 1

践行"博雅教育"，成就人的发展
　　——对话复旦附中校长吴坚 ……………………… 9

沉下心做教育，自然厚积薄发
　　——对话上海交大附中校长徐向东 ……………… 19

创新成就学生，课程成就学校
　　——对话格致中学校长张志敏 …………………… 30

课堂优质教育才会优质、教学创新学生才会创新
　　——对话大同中学校长郭金华 …………………… 40

建 AI 样板学校，生涯教育一体化
　　——对话卢湾高级中学校长何莉 ………………… 51

教育 AI 来了！坚守教育本原，探寻学校之变
　　——对话市西中学校长董君武 …………………… 60

培育身心健康的建设者、思想可靠的接班人
　　——对话曹杨二中校长王洋 ……………………… 72

在微观领域推进中国基础教育改革
　　——对话建平中学校长赵国弟 ·················· 84

师生"命运共同体"的个性培养与多元发展
　　——对话西南位育中学校长张建中 ············· 99

培养"中国心、世界眼"的追梦人
　　——对话上海世外教育集团总裁徐俭、世外中学校长
　　厉笑影 ··· 111

中西融合教育与求变创新
　　——对话上海协和双语高级中学校长陈杰妮 ········ 127

学校教育要为学生的一生发展奠基，努力成全每一个人
　　——对话上海市文来中学（初中部）校长柏彬 ······ 135

融合中外课程所长，铺就多元成才之路
　　——对话上海市文来中学（高中部）校长黄健 ······ 149

打造世界一流水准的中国学校
　　——对话上海市民办平和学校校长万玮 ············ 162

教育的最大魅力就是让每个学生拥有希望
　　——对话上海市民办尚德实验学校校长姜晓勇 ···· 171

让学生像树一样成长、像花一样绽放
　　——对话上海枫叶国际学校校长陈林生、副校长阮俊 ···· 185

融汇中西、行走世界，让梦想闪闪发光
　　——对话上海西外外国语学校校长林敏 ············ 200

每个孩子都是独一无二的
　　——对话上海民办包玉刚实验学校校长吴子健 ···· 209

第一所中美合作高中呈现特别的教育张力
　　——对话上海七宝德怀特高级中学校长王芳 ······ 222

培养家国情怀，切忌形式主义
——对话华东师大二附中校长李志聪*

走近学校

在上海，提起华东师范大学第二附属中学（简称"华东师大二附中"），大家都会竖起大拇指，这是一所著名的"金牌学校"，培养了很多进入北大清华的学生。刚刚过去的 2018 年，华东师大二附中度过了建校 60 周年华诞。作为上海唯一一所教育部直属高中，这样的成果离不开几代人的持续奋斗。1958 年，学校成立之时，几乎无人问津。但经过五年的发展，1963 年，华东师大二附中一跃成为上海市重点中学，1978 年，成为全国重点中学，后来又被教育部批准为有全国高中理科实验班办学资格的全国四所中学之一。

2007 年，被人事部、教育部评为首批全国教育系统先进集

---

* 李志聪，中学正高级教师，上海市中小学特级校长（书记），上海市高中教育管理专业委员会副主任。先后担任上海幼儿师范高等专科学校副校长、华东师大学前教育与特殊教育学院党委书记等职。2000 年 3 月调任华东师大二附中任党委书记，2017 年 1 月起任华东师大二附中校长。兼任华东师范大学闵行紫竹基础教育园区理事会主任、华东师大二附中附属初中校长、华东师大二附中前滩学校校长。

华东师大二附中校门

体；2008年，被中央文明委评为首批全国未成年人思想道德建设工作先进单位；2010年，又被中国科协等评为首批"全国科技教育创新十佳学校"。学校还是全国中小学现代教育技术实验学校、"2049"创新人才培养基地、上海市科技特色示范学校、联合国教科文组织"亚洲教育革新为发展服务计划联系中心"（APEID）成员单位。

2002年，学校迁至浦东新区张江高科技园区现校址。2012年，学校又建成了位于紫竹高科技园区的闵行新校区。现拥有两个现代化的校区，实行一校两校区的管理格局。学校还承办了民办华二初中和华东师大二附中附属初中。

建校61年来，华东师大二附中培养了成千上万的各行各业的优秀人才，其教育改革也始终走在中国基础教育的前列。据中国科协统计，华东师大二附中在国际中学生学科奥林匹克竞赛中总共获26枚金牌，金牌总数名列全国前茅；华东师大二附中学生连续18年参加国际中学生科学与工程大赛，共荣获20多个奖项，位居全国第一，顾宇洲、白雪霏、段沛妍、樊悦阳等同学为此还获得以他们的名字命名小行星的资格。

对话李志聪

华东师大二附中创建61年来,逐渐形成了"追求卓越、崇尚创新"的校园文化精神,长期坚持"以质量立校,以科研兴校,以改革创新发展学校"的办学理念。从20世纪80年代末开始,按照"追求卓越,培养创造未来的人"的办学思想和"优秀加特长"的目标要求,学校深入开展全方位教育教学改革。世纪之交在全国首创"首席教师制",逐步构建了"N个百分百"素质教育育人模式,实现了创建德育金牌学校的目的。在多年积累的基础上推出了以提升中学国际竞争能力为目标的学校课程,建立了"卓越学院",不仅大大促进了学生综合素质的提高,也推动了教师的专业发展。

李志聪校长在建校60周年纪念大会上致辞

如今的"掌门人"李志聪校长是建校61年来的第九位校长,在李志聪看来,教师的视野、格局和胸襟,决定着学生的视野、格局和胸襟。

实践"卓越教育",培养拔尖人才

澎湃新闻:请您用一句话总结一下学校的最大办学特色。

李志聪：学校的办学理念是：追求卓越，培养创造未来的人。我们的办学特色就是"卓越教育"。

20世纪90年代，时任华东师大副校长的叶澜教授经过深入调研、全面总结，为我校指出了"卓越教育"特色办学的发展方向。2009年，学校主持了教育部重点课题"卓越教育的理论与实践研究"，制定并实施了《卓越教育特色学校建设方案》，并成立了卓越教育研究所和卓越学院。我们实践的"卓越教育"，紧紧围绕为培养德才兼备的拔尖人才奠基这一总目标，构建了以"立德"和"创新"为核心的卓越教育实践体系，旨在激发学生对理想信念追求的自觉，使具有不同兴趣、潜能、特长的学生各展其才，成长为中国特色社会主义事业的合格建设者和可靠接班人。

率先实施"首席教师制"

澎湃新闻：师资是一所学校品牌的保障，学校对于教师选拔有什么样的要求和培养举措？

李志聪：二附中成立至今61年，我们一贯坚持"教师第一"的思想，始终把教师队伍建设作为学校的中心工作来抓。我们常说，二附中的老师既要为孩子高中三年负责，帮助他们进入向往的大学；还要为孩子一辈子负责，为他们的终身幸福奠定基础；更要为社会负责，为民族复兴、人类进步培养出各行各业的领袖人才。我们在选拔教师时，不拘泥于其取得的学位、所毕业的学校等，而是重点考察他们的教育理念、职业素养和批判精神。此外，对于教师队伍建设，我们则重视体制、机制的构建，例如20世纪末，我们曾率先实施了"首席教师制"，对优秀教师引领作用的发挥和青年教师的培养都起到了很好的作用。

探索"六个百分百"育人模式

澎湃新闻：学校招生时看重学生哪些品质？学生在高中三年应掌握和具备哪些通用的技能和品行？

李志聪：我理解招生时看重的学生品质，其实就是学校希望达成的育人目标。20多年来，我们探索了基于全面实施素质教育的"六个百分百"的育人模式，也就是二附中所有的学生高中三年必须要做六件事：① 做一项课题研究；② 参加一个社团；③ 选修校本课程；④ 做一百个实验；⑤ 学会游泳；⑥ 做一百课时的志愿者。通过这些学习活动，希望我们的学生走出校门后是一个关心社会、关心他人、有研究精神、有实践能力、有个性特长、有强健体魄的人，是一个追求卓越、能创造未来的人。我们的这些做法，或许对学生的高考没有直接的加分作用，但对于他们的未来人生一定有用，对国家、对社会也一定有用。

国际课程促进国内教育教学改革

澎湃新闻：国际课程如何与传统课程相互借鉴和互补融合？

李志聪：二附中的国际课程体系比较完备，在加强英语教学和国际理解教育的同时，我们认真贯彻中华核心文化课程，例如语文、政治、历史、地理等；注重保持并凸显中国基础教育的优势课程，例如数学、科学等；凸显二附中的特色，注重综合素质、理科、科技等课程；借鉴融合美国一流名校佩迪中学（Peddie school）的先进课程及管理经验，借鉴融合中国大学先修课程、美国AP课程。

2019年，是二附中国际部成立20周年，现有国外、境外学生超过400人；我们还是市教委批准的21所国际课程试点学校之一，开设有国际课程班，每年招收40人。开设国际部和国际课程班，除了满足学生的多元需要之外，我们也十分注重学习借鉴国外课程教学的先进理念，促进我们自己的教育教学改革，同时培养造就一支了解发达国家先进教育理念、能融合中西教育所长的教师队伍。我常想，等哪天国外、境外的孩子和我们的孩子坐在同一个教室里的时候，那时的中国教育大概是真正走到世界舞台的中央了。

用人工智能，建立学生数字画像

澎湃新闻：教学如何结合大数据、人工智能（AI）等新技术，对传统教学有何挑战？

李志聪：未来已来，大数据、人工智能等新技术已经并将继续深刻改变我们传统的学校和传统的课堂，教学随时随地可以实现，教师也将会面临全新的挑战。有人说，传统的学校未来可能会不复存在，但我觉得肯定不会，未来当学科知识的传授可以通过大数据、人工智能，通过自学的方式加以解决，那时学校或许就会变成真正实施素质教育的殿堂了。

当前，大数据、人工智能在学校中的应用，主要是帮助师生实施精准教学，减轻教与学的过重负担，提高教学效率。此外，我们也在探索利用大数据和人工智能，建立每一位学生的数字画像，这对于选人、育人意义重大。

生涯规划：尊重自己内心的选择

澎湃新闻：国内的新高考和国外的学校招生新变化对于学生的生涯规划有哪些影响？

李志聪：新高考改革的未来，一定是走向综合素质评价录取，这和国外学校招生注重学生的综合素质、学习经历、个性特长、创新能力是一致的。因此,我们的学生应该把握好这些变化,尽早规划。

其实,在生涯规划中,适合和兴趣很重要,对于自己未来的发展方向,需要做一个明白的选择。近几年,我们都会组织学生进行相关测试,但是最终学生究竟是否听从内心,则需要自己做决定。我们有一个多年前毕业的校友,他本科、硕士、博士都是在本市同一所著名高校就读生命科学专业,毕业后却选择去做了乐团的中提琴手,现在天天都沉浸在职业的幸福中。他对学生生涯规划的忠告是:要倾听自己内心的声音,尊重自己内心的选择。

不能培养"精致的利己主义者"

澎湃新闻:著名学者钱理群教授提出的"精致的利己主义者"的概念引发社会广泛讨论,您如何看待学校培养人才的初心?

李志聪:有这样一句话我很欣赏:教育就是要尽可能地把每个人培养成为他可能成为的人。

每个人是那么不同,要把每个人培养成为他可能成为的人,学校教育有大量的事情要做。但是,我还想,我们不仅要把他们培养成为他们可能成为的人,还要把他们培养成为我们期待他们成为的人。

我一直说,我们选拔录取了全上海同龄人中前1%—2%的人,如果这些人都被我们培养成了"精致的利己主义者",心中只有自己,没有国家、没有民族,那么我们的国家就没有希望,我们的民族就没有未来。因此,培养学生的家国情怀、社会责任是我们这些所谓名校的历史使命,因为你的生源决定了你必须肩负起这份社会责任。这也是我们二附中多年来一贯重视理想信念、家国情怀教育的原因。我们的实践体会是，家国情怀教育不能形式主义地喊喊口号、刷刷标语、吹吹牛，而要真正落小、落细、落实，并且持之以恒。在这方面，我们做了一些事，但还很不够。

践行"博雅教育",成就人的发展
——对话复旦附中校长吴坚*

走近学校

复旦大学附属中学(简称"复旦附中")是首批"上海市实验性示范性高中"之一,是一所受上海市教委和复旦大学双重领导的寄宿制高级中学。自1950年建校以来,历经华东人民革命大学附设工农速成中学、复旦大学附设工农速成中学(1953年)、劳动中学(1957年)、复旦大学工农预科(1958年)、复旦大学预科(1959年)等阶段,1962年定名为"复旦大学附属中学",1982年被定为上海市首批重点中学。

学校在建设国内一流、国际知名的现代学校的过程中,坚持和发扬求真务实、勇于革新的办学传统,进一步深化教育改革,为学生自主发展和终身可持续发展创设良好学习环境和条件。近

---

* 吴坚,中学特级校长。现任复旦大学附属中学校长兼党委书记、复旦附中青浦分校校长、浦东复旦附中分校校长。1988年华东师范大学中文系毕业到复旦附中工作,任语文教师至今。曾担任过班主任、年级组长、教研组长、教导主任、校长助理、副校长、常务副校长等职务。曾获杨浦区园丁奖、"杨浦区新长征突击手"、"上海市模范教师"等荣誉称号。

复旦附中校门

年来，经过全校师生员工的努力奋斗，复旦附中已蜚声中外。前来观摩交流者络绎不绝，学校还与美、英、德、日、澳、新加坡等国和港、澳、台地区的中等和高等学校有广泛的联系。

复旦附中拥有一批敬业爱生、专业博学、教有特色的高水平教师。复旦附中培养的学生普遍受到社会的认可和高校的欢迎，每年的毕业生都进入海内外一流名校深造。

对话吴坚

"博雅教育"是一种经典的教育思想，这个来自古希腊的术语，历经数世纪，影响了世界主要国家的教育。"经典之所以成为经典，不仅在于其总结概括了一定时期内的教育思想，也在于其自身具备着开放性和包容性，有着不断发展与创新的需要和可能。"在复旦附中党委书记兼校长吴坚看来，"博雅教育"正是如此，从20世纪二三十年代被学者引入中国开始，至今仍能成为教育界人士热衷讨论和实践的主题词。

吴坚有一个心愿：希望能为"博雅教育"在当代中国高中教育的有益发展增添上复旦附中的探索印记，"博雅教育追求的是全面素质教育，是具有持久影响力的'人'的教育。我们培养人就要能产生一种良好的延续效应，要构筑影响学习者一生的文化

吴坚校长

根基"。

　　复旦附中是上海市首批"实验性示范性高中"之一,被誉为上海素质教育的名片。1988年,吴坚成了复旦附中的一名教师。31年间,附中的教师身份,是他不断转换工作岗位的生命底色——无论是担任班主任、教研组长,还是担任校长、党委书记,他始终以教师的视角思考教育的问题,成就学生的发展成为他始终不渝的教育情怀。对传统的"博雅教育"思想,既要批判继承,还要吐故纳新,积极探索"博雅教育"在复旦附中创造性转化与创新性发展的可能。

　　今天,面对高质量发展的时代要求,如何培养更多创新型人才?面对全面小康的美好愿景,如何让更多学生通过教育获得未来世界的通行证?教育,一头连着经济社会发展的人才供给、智力支持,一头连着每一个孩子的命运、每一个家庭的希望。对于在现代化征程上爬坡过坎的中国而言，高质量教育的重要性不言而喻，这成为吴坚重新理解"博雅教育"，在工作中着力探索实践新"博雅教育"的动力。

吴坚认为，好学校最关键的考量标准应当是学生的健康成长——让学生得到真正的关注，真正成为学校教育整体架构的核心。

让教师关注每一位学生

澎湃新闻：请用一句话总结一下学校的最大办学特色。

吴坚：按照教育规律办事；一切为了学生的健康成长；关注学生三年成长，更关注其今后三十年的人生发展。

澎湃新闻：师资是一所学校品牌的保障，学校对于教师选拔有什么样的要求和培养举措？

吴坚：教师，是学习场景中的重要组成要素，教师的专业进步，是为了让学生拥有学习的期待和动力。"博而通、雅而正"的办学目标，也指明了教师专业进步的方向。

复旦附中要求40岁以下的老师必须在两年当中有一次在大学的培训学习，且要完成大学的考核，否则要补修。这样的培训要求很严格，但也很新颖有效，经常发生教师和学生共同以学习者的身份出现在大学同一间教室里的美谈。截至目前，已经有70多位老师完成了在大学，主要是在复旦大学，也包含上海体育学院、上海外国语大学以及其他大学的学习。老师到大学的课堂中去，直接对学生的成长提供了榜样示范。

此外，我们还要求教师到学生生活中去，真心走进学生生活，将学生的生活经验和期待，纳入备课、上课、课后辅导、综合评价等多个环节。教师通过自身的人格魅力感染学生，学生展现真实的世界触动教师的教育教学灵感,教师不仅仅是学业成绩的记分员,而是在真正从事育人工作,和学生一起体味生活的智慧。

我们还鼓励老师到学术教研中去,教出学科味,发展生长力,关注每一个学生,尊重学生的认知规律和身心发展规律,为每个学生提供适合的教育。通过科学而又富有创新的教学设计和实施,帮助学生成为"博雅"之人。

培养学生成就幸福人生

澎湃新闻:学校招生时看重学生哪些品质?学生在高中三年应掌握和具备哪些通用的技能和品行?

吴坚:"学在复旦附中"已成为众多优秀初中毕业生向往的目

复旦附中与加州大学尔湾分校(UCI)开启绿色通道合作项目

标。能够进入复旦附中学习的学生从基础学业水平而言，都是同龄人中的佼佼者，但这不等于他们就已经具备了未来国家建设的骨干中坚所需要的素养。在高中这一人才成长的关键期，学校除提供必要的知识学习与智力开发方面的高水准课程外，还需着力建设完善全方位的培养方案，以构筑真正意义上的育人体系。博雅教育的目标设定，意味着复旦附中对学生成长的评价是多元综合，注重过程的。高中生作为特定年龄阶段生命个体，有其内在的情感需求和成长规律，同时在其成长过程中也和外界不断发生着互动。学校可以通过评价设计，帮助学生厘清内在的价值选择，明确外在的榜样目标，通过适时反馈，发挥评价在调整人的价值判断与行为选择中的作用，从而达成塑造"博而通、雅而正"的人的目标。使他们能够在今后的岁月里"日月光华、旦复旦兮"，成就幸福人生，成为支撑起中华民族伟大复兴中国梦的一份坚实力量。

课程应该中西兼容

澎湃新闻：国际课程如何与传统课程相互借鉴和互补融合？

吴坚：复旦附中国际部招收外籍及港澳台户籍学生，课程体系包括：中文课程、国际课程、IB/AP课程。国际课程班招收上海户籍学生，每年20人，学习IBDP课程。

课程在学校教育中作为学生成长阶梯，应具有综合性和完整性。2011年，复旦附中开始实施学校的校本课程建设。到今天，我们提供的学校课程基本结构是：八大板块、四层台阶、递进式的课程体系。即"人文与经典""语言与文化""社会与发展""数学与逻辑""科学与实验""技术与设计""体育与健康""艺术与欣赏"这八大板块以及基础型课程、拓展型课程、研究型课程、校本特选课程这四层阶梯，满足学生不同方向与不同层次的发展需要。

我主持主编的"中国人"课程系列，是获得教育部基础教育教学成果一等奖的课题。这一课程体系优化了语文课程结构，完善了学生的知识、思想和价值谱系，改变了当下语文教育严重缺失生命教育的局面，逐渐点亮学生心灵的智慧之灯，使学生能自主地发现、认识和认同"中国人"及"中国文化"，产生根扎于大地的理性力量，从而成长为一个"具有中国心的现代文明人"。课程提升了学生的文化选择能力和生命价值追求，增强了教师探索语文教育的责任感和使命感。

借助复旦大学文理综合、研究型一流大学的优势，我们也在探索如何突破基础教育与高等教育的藩篱，构筑优秀人才培养的贯通性和可持续性，初步建构了大学预科课程体系，包括：微课程、科研见习课程、先修课程；课程设置以学科大类为主线，覆盖文、理、社科、工程、医学等领域，考虑学生的发展需求，具备生涯规划的功能。

人工智能时代如何教育"网络原住民"

澎湃新闻：教学如何结合大数据、人工智能（AI）等新技术，对传统教学有何挑战？

吴坚：毋庸置疑，进入 21 世纪的教育，其所处的社会环境已然是从工业化向信息化（智能化）跨越的关键期，万物互联、互通、互动的智能化，人类生产生活方式发生前所未有的变革，代表性技术包括物联网、大数据云计算、人工智能、机器人、虚拟现实、生物技术等。

"博而通、雅而正"也在回应着信息化（智能化）时代的到来，和我们对"人，之所以为人"的思考。在世界互联网大会上，阿里巴巴创始人马云和苹果公司总裁库克不约而同地谈到了当今人类与机器的关系。马云认为，过去30年，我们人类像机器一样地工作，未来30年，将出现机器像人一样工作；但是最终应该知道机器还是机器、人依然还是人。机器没有灵魂、没有信仰，但人类有灵魂、有信仰、有价值观，人类有独特的创造。库克在谈到这个问题时表示，很多人都在谈论AI（人工智能）带来的负面影响，但他自己并不担心机器人会像人一样思考，反而担心人像机器一样思考。

现在的高中校园，已经是21世纪的新一代，"00后"的身上曾被贴上各种标签。"捧着手机的草莓青年""网络原住民"，有个性也容易固执已见，有能力也难免不能抗压。

然而，我们也应该看到，互联网的基因已经融入了这一代人的行为与思想，他们追求个性化的表达，也追寻着牢固的价值基座；他们希望有自己的世界，也期待个人价值与社会价值能统一起来；他们不会把宏大的词汇挂在嘴边，却也梦想着"诗和远方"的精彩；他们偶尔也会感到迷茫，却始终在探寻"意义"与"价值"的路上一路前行、一路思考。这意味着我们的教育所培养的人，既要有"小德川流"，丰富其内在修养，在细节过程上下功夫；也要能"大德敦化"，胸怀世界和未来，树立崇高的理想与志向。

率先开始高中"学院制"探索

澎湃新闻：国内的新高考和国外的学校招生新变化对于学生的生涯规划有哪些影响？

吴坚：在进入改革开放新时代的中国，在全面推进新高考改革实施的基础教育界，在崇尚人文、弘扬科学的复旦附中校园，重释"博雅教育"的内涵，提出"博而通、雅而正"的育人目标，对高中教育提升发展而言尤显重要。但理想目标是不会自动执行并达成的。课程设计与教学实施如何来塑造学习者全新的学习体验，如何来塑造符合新时代要求的学校文化和教育实践，这需要缜密思考与严谨规划，更需要积极探索与大胆试验，这必将会是一个渐进的过程。

个性化生涯规划与升学指导成为学校教育的必备环节。因为选择的概率大大增加，自我分析和客观判断始终贯穿在学生高中三年的学习生活中，因此，我们为每一名需要的学生配备了负责选科及升学指导的学术导师。

如果说，高中学校的办学水平和培养质量可能就在是否实施"分层走班模式"这一环节有了实质性的分野，那么，走在"博雅教育"之路上的复旦附中，已经在尝到"分层走班模式"的喜悦之后，开始了"学院制"探索。

在文理学院实践的基础上，自2018学年起，附中针对学生不同的成长目标，分别设立了"四大学院"，探索高中"学院制"培养模式。这四大学院分别是：望道学院、步青学院、家祯学院、希德学院。

四大学院的培养理念包括：实施博雅教育，侧重文化素养的培育；构筑大学预科课程体系，创设学术氛围；实施菁英学生培养计划，塑造领袖气质；体验课题引领的研究学习，培养创新精神；强调社团活动及学生自我管理，形成书院文化；住宿制度指导下的全面素质培育保障与提升。课程设计采用分层教学，培养模式则是导师制。

最不可牺牲的是健康

澎湃新闻：听闻学校有一串有意义的数字24、140、280、840，请您破译一下这一串数字密码背后的含义。

吴坚：24是指24小时中的"长跑"时间，我让学生自主设计跑步方案，建议每个同学在校期间每年都要完成一个马拉松，借助这样的活动还可以打造校园"名人"，不要一天到晚除了"学霸"就是"学神"。努力学习、认真考试永远没错，但是在抓紧读书的同时，不要忘了最不可牺牲的是健康和信念，最重要的是生活的体验和人生的价值。140是指140天中的"服务"时间，每个学期，我们都在校内和校外为学生创设了志愿服务和公益劳动的机会。280是指280天中的"社团"时间，在附中，学生可以自己申请社团、担任社长。一个学生的校园三年，既可以加入剧社、心理社、棋社、魔术社、模拟法庭社、根与芽，也会有3D打印社、模拟飞行社、动漫社、化学晶体社、模拟联合国社等的经历。840是指840天中的"科研"时间，我主张从高一新生入校，就着力推进高中生做科研，帮助每位同学在校三年期间都能有参与课题研究的机会。重视建设团结协作、追求创新、竞争进取的学习型小组，杜绝应试教育背景中的恶性竞争现象。问题导向的自主探究式学习从教育本质上说是最有意义的学习。

沉下心做教育，自然厚积薄发
——对话上海交大附中校长徐向东[*]

走近学校

上海交通大学附属中学（简称"交大附中"）是由上海市教委和上海交通大学双重领导的寄宿制高中，2005年被命名为首批"上海市实验性示范性高中"。

交大附中坚持"依托交大，内实外名"的办学策略，发扬"求实、求高、求新"的办学传统，生成了"思源致远，创生卓越"的办学理念。建校60多年来，为国内外一流高校输送了大批学科素养扎实、学习能力出众、志向远大的优秀毕业生。交大附中积极开拓国际化办学新格局，2006年开办国际部，招收了来自美、德、法、日等20余国的外籍学生。2011年，学校创建了

---

[*] 徐向东，上海市特级校长。现任上海交通大学附属中学校长，上海交通大学附属中学嘉定分校校长兼书记，上海交通大学附属中学闵行分校校长兼书记，上海交通大学附属第二中学校长兼书记。上海市高中教育管理专业委员会主任，上海市实验性示范性高中校长联谊会会长，中国教育学会高中教育管理专业委员会常务理事，上海市中学生体育协会副会长，上海市教育领导学专业委员会副会长，上海市民族教育管理专业委员会副主任。

上海交大附中校门

国际课程中心,开设了IB国际课程。近年,交大附中先后开办了嘉定分校、闵行分校,集团化办学成绩斐然。面对教育改革带来的新机遇、新挑战,交大附中正朝着"现代教育领先,国内著名、国际知名的实验性示范性高中"的目标迈进。

对话徐向东

在交大附中校长岗位上已经驻守了17个年头,他是个典型的实干型校长。"教育需要沉下心来做,做到一定程度,就厚积薄发了。"徐向东说。

2019年的高中自主招生,上海众多考生报考了交大附中,在3月24日举行的一年一度的校园开放日上,校长徐向东与2019届初三优秀学生们谈起了"选择交大附中的十大理由"。

十大理由包括:培养懂感恩、敢担当、有激情、爱梦想的人;交大附中是上海市最像大学的中学之一;用三年时间承载三十年的分量;交大附中师生的共同文化特征;不是"集中营",

徐向东校长

也不是"疗养院";食堂超级棒;选修课和社团活动色彩斑斓;文体活动最多;是一个大家庭;新高考招生制度下的改变。

"一个学校只讲升学率,这个学校的学生是没有明天的,一个学校没有升学率,这个学校是没有明天的。"徐向东坦言。

徐向东一直在从学校发展的全局考虑学生需要、教学相长、教师发展,希望在整体格局中追求崇高理想、制度系统创新、课程体系更新、教育活动改革。他认为,学生、教师、学校的管理者,各方面需要相互激发、坦诚合作,共同致力于创造充满勃勃生机的创新文化。

"就我校为学生专门设计的生涯发展规划、与大学教育的充分交流与合作等新创的成长空间来说,我们可以用更为丰富的师资资源、更有创意的教育活动、更有创意的合作伙伴来敞开更多的希望,让学生的潜能得到更大限度的开发。"徐向东说。"志远者非天涯而在人心。"用心追求教育真谛,用心承担教育使命,还需要不断求索,尽管前路漫漫,但他相信会有更多同道者前来。

教育不能光喊口号

澎湃新闻：您和学生讨论选择交大附中的十大理由时，第一条就谈了校训和办学理念，谈理念往往容易流于形式，交大附中在把理念落到实处方面，有什么具体举措？

徐向东：学校校训是"饮水思源、爱国荣校"，办学理念是"思源致远、创生卓越"。校训也好、理念也好，都要有具体落实举措，光喊口号不能深入师生内心。

思源，就是我们特别重视培养学生的感恩之心。我们的做法是利用合适的节假日调整课时安排，让学生把感恩之心表达出来。每年的教师节，学校都会通过调整课程计划，把9月10日下午空出来，组织学生到初中母校去，向初中母校的老师问好，送去节日的祝福。每年正月十五元宵节，我们会让学生在学校吃好午饭后，就回到初中或小学母校去，给老师拜年，晚上回家，跟家人一起过节。

致远，就是我们希望孩子们要理想远大，有责任感，敢担当；创生，就是在创造中生成，强调做好一点一滴，要在过程中每时每刻都有创造，都有生成，做有激情的人。交大附中不希望原本应该充满青春活力的十五六岁的孩子们老气横秋，死气沉沉。卓越，就是每个人都要有梦想，中国梦，交中梦，我的梦。所以，我们的思源国际班、致远英才班、创生科技班、卓越理科班等四个特色班的命名，都是把办学理念融入其中的。

好学校的标准有三个评价维度

澎湃新闻：包括交大附中在内的"四校"是上海顶级高中的代名词，作为校长，您如何评价一所学校是否是真正意义上的"好学校"？

徐向东：一所学校好不好，需要从三个维度进行评价：第一个是社会赞誉度。这关系到家长是否愿意把孩子送到你的学校就读。交大附中从来不去参加所谓的学校质量排名，从来不刻意宣传"四校"，我们深信，酒香不怕巷子深。第二个是学生认可度。十五六岁的高中生，对于学校到底怎么样他们完全有判断能力，学生非常明白。网络上有个说法："什么叫母校？就是自己一天可以骂八遍，却不许别人说一句坏话的地方。"第三个是校友贡献度。好学校不只是眼前高考成绩好，更重要的是二十年甚至三十年之后，学校毕业的学生对国家、对社会、对人类的贡献，当然包括对母校的支持和帮助。交大附中毕业校友有几万人，与学校的互动非常频繁，校友们经常走进校园和学弟学妹们分享学业和创业经历。

澎湃新闻：交大附中如何平衡素质教育和应试教育之间的关系？

徐向东：交大附中是上海市最像大学的中学之一，我们和复旦附中一样，从成立之初就是三年制的寄宿制高中。交大附中的成立与工农速成历史密切关联，朴实、踏实的作风是我们的传统，同时，我们也受到交大工科背景的影响，鼓励学生拥有独立人格和自由思想，我们的校园精神是"求实，求高，求新"。

2004年，全校师生共同参与，总结提炼出交大附中师生的共同文化特征："大气，却不张扬；厚重，却不逼人；谦和，却不乏创新。"这种学校文化在以往的毕业生中很有共鸣，然而现在的学生却有些自己的想法，比如认为可以张扬，要做也要说。近年来，交大附中师生"大气、厚重、谦和、创新"的文化特质逐渐形成。我一直强调的是，交大附中不是"集中营"，也不是"疗养院"，我们有轰轰烈烈的素质教育，也有扎扎实实的应试教育。

学校的育人方式就是八个字："自主探索、相互激发"，也就是希望学生在互动中成长，学校倡导学生自我设计、自我管理、自我服务、自我监督。比如，我们学校有学生自主管理、服务、活动的"模拟社区"，不仅包括其他学校都具有的学生会，还有其他学校所没有的"自律会""服务会"。此外，毫不夸张地说，交大附中是"四校"中文体活动最多的。应该说，交大附中把素质教育和应试教育进行了有机结合。

澎湃新闻： 十几岁的孩子，能管好自己么？

徐向东： 对于学生，我们真不用管得太多，教师管理的效果远远没有学生自主管理效果好，这也是我从事教学、学生工作以来得出的结论。自主管理源自学生内在的驱动和心灵的向往，而学校的管理则是要求他们外在的服从和遵守。因此，我校一直在实施自主德育管理模式，让学生自己管理自己。

学生的发展一定要追求自主。我校学生自主发展离不开"模拟社区"这个学生自主管理平台。"模拟社区"自2003年成立以来就实行社区区长"公推直选"以及一年一度的学代会制度，这成为全校同学积极发扬民主，充分享受民主的一大盛事。"模拟社区"的主要学生干部由全校学生集体推荐，进而全员投票直接选举产生，构建了全新的学生干部形成和产生机制。"公推直选"机制的确立，不仅锻炼了学生干部的能力，培养了学生干部的竞争意识和群众意识，更使全校学生的民主意识和参与意识得到空前高涨，孩子们在这个过程中学会了如何实现自身的民主权利。

学生教育培养的关键期：小学重"习惯"、
初中重"兴趣"、高中重"社交"

澎湃新闻： 您青睐什么样的学生？对于学生的培养又有什么

侧重点？

徐向东：我青睐的学生，是"十项全能"运动员。文化成绩要好，体育和艺术也在行，还要有创新精神和实践能力。

我有一个没有公开表达过的观点，我认为高中阶段要重视社交能力锻炼，也就是要搞好人际关系。一名合格的高中生，要处理好与学校的关系、与同学的关系、与老师的关系、与父母的关系、与亲戚朋友的关系、与社会人的关系等。

孩子的成长，有几个关键期。小学主要是习惯养成，包括学习习惯、生活习惯。到了初中，大家都觉得成绩重要，但是我认为更重要的是培养兴趣。初中阶段，从生理学、心理学和教育学的角度，就是激发兴趣的最佳学段，并且这样的兴趣将伴随终生。高中阶段，培养社交能力尤其重要，简单来说就是人的情商要高，这才是一生受用的。

高中生自我意识觉醒，能否跟同学处好关系、跟老师处好关系，跟父母处好关系，和不熟悉的人也能处好关系？高中实施寄宿制，大家共同生活，洗澡吃饭等都要排队，就是在学习与他人相处，学校提供了社团和丰富的选修课，也是让学生学会去融合这种关系。

小学、初中、高中，分别培养习惯、兴趣、社交，到了大学、甚至走上社会，都是非常重要的。而这些需要在关键的年龄段培养，过了这个阶段，可能就错过了。

澎湃新闻：您提到社团和选修课，学校具体开设了什么有特色的社团和选修课来培养学生"处关系"的能力？

徐向东：我们的选修课和社团活动色彩斑斓。比如选修课，科学技术类有28门，学科拓展类有22门，文化艺术类有40门，语言应用类有27门，社会研究类有16门，体育健身类有

20门。

社团活动方面，比较著名的有"蓝色动力"机器人社、OM头脑奥林匹克社、模拟政协、泥土文学社、电子社、社会视窗社、国球社、无线电爱好者协会、健美操社、桥牌协会等。

新高考改变了人才培养方式

澎湃新闻：新高考改革目前在全国推进到第三批试点省份，上海是全国首批进入新高考的城市之一，您认为新高考实施以后，对于高中的教育有什么影响和改变？

徐向东：新高考来了，大部分学校发生了变化，也有部分学校在维持原状。就交大附中而言，最大的变化是要应对自主招生比例大幅减少。在新高考改革之前，很多高校自主招生比例最高能达到40%左右的时候，当时我们的毕业生有一半是通过自主招生进入高校的，只要达到一本线，高校就录取。

新高考招生制度下，自主招生的比例缩减至5%，且自主招生面试是在高考"知分、知线、知位"之后。新高考对于学生的评价标准也有了变化：高考（语数外）、等级考、综合素质评价"两依据一参考"都需要我们相应作出调整。简言之，新高考没有分数是无法进入面试环节的，但如果没有能力，就算进入面试也会被淘汰的。

还有一个改变值得一提，学生进入海外大学的比例在不断走高。在2019年的海外大学申请季中，交大附中的学子们也表现抢眼，收获了诸多世界顶级名校的录取证书。

我们不断探索将国际化的教学融入本土化的教育，旨在培养兼具国际化视野和本土情怀的国家栋梁之材。通过人文情怀和理工素养并重的育人方式，附中学子在各个领域中百花齐放，迅速成长。他们或在科创领域不断探索，勇夺"丘成桐中学科学奖"

学生 OM 社团活动

金奖；或在 FRC 机器人竞赛的赛场上激流勇进，连夺赛区冠军，荣膺主席奖；或在 USAD 美国学术十项全能总决赛上意气风发，所向披靡；或在顶级名校辩论邀请赛中唇枪舌剑，挥斥方遒；或在哈佛中国大智汇的决赛场上指点江山，青春激扬。他们品质坚毅、志存高远，对东西方文化兼收并蓄，时刻怀揣着中国心，铭记着交中情。他们一次又一次身体力行，不断通过挑战自我、超越自我。

创新人才不是被他人"养"出来的

澎湃新闻：交大附中的科技特色富有盛名，有"科创交中"的美誉，但是您的教育思想中有这样一个观点：创新人才是自己"冒"出来的，而不是被他人"养"出来的。能详细解析一下吗？

徐向东：培育创新人才，是当代中国社会发展对教育的呼唤，这也是我们一直在探究的问题。对于创新人才培养，我的观点是：创新人才只能是自主成长起来的，而不是被刻意培养出来的。通俗一点说，创新人才是自己"冒"出来的，而不是被他人"养"出来的。

当然，这里所说的"冒"出来，更多强调的是学生自己内在的心灵追求，任何人要主动开展创新活动，显然需要拥有自由的心灵、自觉的追求、主动的探索。没有这样的前提条件，无论先天素质如何优良、环境资源多么优质、学习活动多么丰富，都难以出现有意义的自主创新行为，更难以产生有价值的创新成果。

所谓的"养"主要是顺应孩子内心成长的一种教育机制，常见的有"圈养"和"放养"。我们交大附中所希望的教育机制是基于学生的内心创新发展追求，给他们的发展留足空间，搭好舞台，由孩子们自己去"表演"。

我之前一直在说两句话：孩子们的创新素养，需要不断敞现和生成，而不能按照固定的模式预定和塑造；学校教育，需要敞开越来越辽阔的希望空间，而不是打造越来越固化的机械模具。

作为校长，我希望交大附中促进创新人才成长的思路就是：敞开更为开放的希望空间，敞现学生的创新潜能，让学生的自由心灵、自觉追求、主动探索得以转变为现实的创新活动和实在的创新素养。

让教师拥有发现学生潜能的教育眼光

澎湃新闻：很多人认为，"读名校"其关键就在"读生源"，有了这么多的资质优异学生聚集，教师的作用如何体现？

徐向东：这意味着教师要用更高的专业智慧来激发和敞现学生的创新潜能，才能不辜负我们承担的培育创新人才的使命。

尽管许多人认为名校成功的诀窍在于有好学生，但我们从专业的眼光看，要让好学生获得应有的发展，尤其是成长为创新人才，好教师才是最直接的关键影响因素。只有教师素养高，他们才有可能为学生敞开自由的希望空间,拓展和开发丰富的教育资源,通过创造性的教育活动让学生真切体验创新过程,从而真正激活学生内心的创新热情,让学生在主动学习中获得创新能力。正如罗丹曾说的,"世界上并不缺少美,而是缺少发现美的眼睛";教师若有"发现美的眼睛",就能更好地为学生敞开创新天地的"美",进而敞现学生的创新潜能。对于拥有巨大创新潜能的交大附中学子来说,教师拥有这种发现学生潜能的教育眼光,尤其重要。

在交大附中,"教师靠学生提升"这句话是丝毫不为过的。我们不刻板地对老师提出教学改革要求,但这些拔尖创新人才对充满活力的课堂教学需要也迫使教师去激活自身改革探索的智慧。我们一直在说教学改革,其实教学改革最终的落脚点还在于广大的教师。对于人的发展而言,外在压力的作用远远不及内在追求的驱动,只有当外在压力与内在追求相结合,教学改革才能有巨大的生命力。我们正在创造富有生命力的教学循环,课堂上教师敞现学生需求,学生的需求激活教师投入到教学改革的洪流中,探索更为有效的课堂教学方式。

我们学校有老师曾经说过:"课堂教的内容不留作业,留作业的内容不考试",这充分反映出我校课堂教学创新活动的品质已经有了质的提升——真正有生命力的课堂教学在于学生的学与教师的教达到心灵情感的契合,这种契合就是自在的教与自主的学。

从学校发展的角度看,教师是成就学生、成就名校的最直接的关键因素。拥有高素质的教师队伍是学校发展的有力支撑,是促进学校发展不可忽视的第一要素。教师作为课程与教学实施的组织者、实践者,优良的师资队伍是学校教育教学工作高质量的保证。

创新成就学生，课程成就学校
——对话格致中学校长张志敏*

走近学校

格致中学前身为"格致书院"，始建于1874年，由清朝重臣李鸿章倡议，近代著名化学家徐寿和时任英国驻沪总领事麦华佗联合创办，迄今已有145年历史。它是我国近代最早开办的中西合办、最先传授西方自然科学知识、培养民族科技人才的新型学堂之一。建校以来，学校秉持"在传承中创新、在创新中发展"的改革思路，继承"爱国、科学"的优良传统，弘扬"格物致知，求实求是"的办学理念，彰显"全面发展、理科见长"的办学特色，为国家培养了大批优秀人才（包括13位两院院士），并以高水准的办学质量享誉海内外。

学校现有黄浦、奉贤两个校区。学校黄浦本部地处上海市中心，闹中取静，是上海市中心城区一块难得的"教育绿肺"。奉

---

* 张志敏，上海市高级教师、上海市特级校长。现任上海市格致中学校长、格致教育集团理事长，中国教育学会高中教育专业委员会副理事长。曾兼任第九届国家督学、上海市督学、教育部华师大校长培训中心兼职教授、上海市"双名工程"名校长基地主持人等职。2013年获第三届"上海市教育功臣"荣誉称号。

格致中学校门

贤校区是根据上海市教育均衡化发展的总体要求,由奉贤和黄浦两区政府联合创办,是一所寄宿制公办高中。

学校重视对学生思维品质、创新意识和实践能力的培养。多年来,形成了"和谐发展,理科见长"的办学特色,继续保持着高考质量稳步提高、学科竞赛大面积获奖的良好态势。同时,学校也重视科技、艺术、体育的特色发展。

学校"海外课题研究"项目先后与美国、德国、法国、日本、韩国、澳大利亚、港台等国家和地区的学校结为友好学校,师生长期交流互访,彼此促进。

对话张志敏

邓蓓佳是格致中学2009届校友,这个女孩不一般,在她高

张志敏校长

三那年,她将自己所发明的19项专利中的3项"太阳能发光二极管指路牌""可重复使用的伞套""LED发光二极管警示雨伞"无偿转让给世博会,希望能用自己的创造发明专利为改变这个世界的能源危机做出贡献。她还将国家知识产权局授予的发明专利金奖获得的奖金全部捐给母校。"饮水思源,滴水之恩当以涌泉相报,更何况是成就我人格并开启我创新之路的格致中学呢!"邓蓓佳说。她向世博会无偿转让的专利"太阳能发光二极管指路牌"的第一个模型,路名定为"广西北路",这是她的母校格致中学所在地。

  大学期间,她赴美国南加州大学留学就读本科,后又到哈佛大学攻读研究生。她带着美国的孩子重走中国长征路,沿途拍视频,美国的电视台争相播放,她希望通过这一方式宣传中国,参与到人类共同进步的过程。这一创举又一次引发了众人点赞,如今,她即将回到复旦大学进修。

在校长张志敏的眼中,邓蓓佳是格致中学众多优秀学子的代表之一,展示了格致学生的国际视野和创新精神,年轻人展现出的快乐、阳光、富有创造力的精神面貌,将是整个社会前进的动力。

麻省理工内地首家 Fablab 实验室落户格致中学

澎湃新闻: 四年多前,麻省理工第一家内地创新实验室落户格致中学,在科创教育越来越热的今天,格致的科创教育是否取得了预想中的效果?

张志敏: 创新实验室设立至今,已经取得了显著的效果。在网络经济、大数据时代,创新已经不是所谓专家学者们的专利,一般的青年人,尤其是在数字化的虚拟世界里成长起来的一代,他们有很强的创新意识和成功可能。因而与其让学生们被动地接受科学技术知识,不如使他们具备相关技能和快速生产工具,让他们自己动手认识真实的世界,发现身边的科学。

美国麻省理工学院尼尔教授创立 FabLab(创新实验室)的初衷与我们格致的"格物致知,求实求是"的传统,以及对学生思维品质、创新意识和实践能力的重视是一脉相承的。所以我们和麻省理工学院合作,将其引入中国内地,2014 年 11 月 8 日,酝酿已久的格致 FabLab 创智空间正式揭牌。世界 FabLab 创始人、美国麻省理工学院尼尔教授亲临格致,为中国内地第一家 FabLab 揭牌。

Fablab 在美国有"创新梦工厂"之称,在这里,任何想象都能变成现实模型。以前,同学们的设计大多数只能停留在设计图上,要变成作品非常难。而在 Fablab,能看到自己的作品真实地握在手中,可以极大地激发学生参与创新活动的热情。

格致中学黄浦校区教学楼底楼的两层空间,已变身成了"微型工厂"——激光切割机、3D打印机、刻字机、电子工作台、刻板机、打磨切割机等，各种数字化制造设备可以满足创新创造的各种需求。数控车床正精准地在木板上切割着一个直径约50厘米的校徽，墙上的名人名言贴纸则是切割机的作品，一枚指甲盖大小的芯片已经进入程序调试阶段。不出20分钟，激光切割机就制作出了一枚可以捧在手里的巨型钥匙。而奉贤校区的Fablab空间更大，内容更丰富。

创新实验室为学生提供无限可能

引入Fablab，更是格致为了呼应国家提出的素质教育的培养需求。素质教育的重点在哪里？过去我们以为在外国唱唱跳跳就是做科技，实际上国家关于素质教育的文件定义非常明确，素质教育的重点是培养学生的创新精神和创新思路。

所以我们借助Fablab，开设了"创新学"的校本课程，老师和学生的科创实践大大拓展，科创能力有了快速的提升，每个学生都有自己独特的作品。高中办学模式要想打破同质化，必须通过课程来激发学生的创新热情，提升他们的素养。到目前为止，学生的专利累计已超过1 000多项。

高中教育应该从课堂入手，为学生提供多样化的平台，培养学生的创新能力。

希望我们培养的学生不是简单地会做题，更必须要有民族的灵魂、科学的精神、国际的视野和创新的能力，这是新时期人才的培养目标。从育人的角度而言，也是格致在进行的策略性的调整。

面对这个时代，面对这个世界，我希望我们的学生要永远保持青年特有的无穷的梦想和无尽的热情，去创造更多的科学的"心跳"。

高考中考改革，"五能"评价全面记录学生成长

澎湃新闻：大家都说您是一位创新型的校长，创造性地构建了由四类、八群、百门课程构成的"格致校本课程体系"，建成"格致中学学生综合素质评价系统"，对学生实施"五能"评价，还首推学生海外课题研究，开创了中学生"实境研究"的先河。上海实施的高考和中考改革，对于综合素质的评价成为亮点，也是难点，对此您有什么建议？

张志敏：高考综合改革对学生综合素养评价提出更高要求，早在2010年，格致中学就利用网络平台建成了"格致中学学生综合素质评价系统"，鼓励学生从"道德操行、学习研究、运动健身、心理心智、创新实践"五个方面，全员、全面、全程记录自己的成长经历。

格致依据学业、参考综合素质评价的探索，推出校本"五能评价"系统，即德能、学能、体能、心能、创能。格致高中最初

做"五能评价系统"的出发点,是为了丰富学生的简历。

学生除了学业成绩,还有没有可以反映素养和领导力的依据?以往在学生需要这些依据的时候,单纯让家长、学生靠回忆,往往比较难搜寻。所以我们尝试平时做些记录,后来就索性做了一个学校的电子校本平台,所有的格致高中生在报到的那一天,能拿到一个自己的账号,登录生成,实现全体学生的全员参与。这样做的好处,第一是全面,不仅记录学生的学业,而且包括"五能"。第二是全程,从高一到高三,整个过程都被记录下来,有的学生甚至告诉我,毕业了他们还在用。这对学生的成长指导,特别有意义。当家长点击进去,对学生的能力点有比较好的反馈。没想到,后来有了新高考,以"两依据,一参考"录取学生,在格致高中的招生过程中,零志愿、推优等,把学生的"五能"作为综合素质评价指标,作为招生参考。格致高中在与新高考综合素质评价对接后,尝到了先行先试的甜头。

五年前,这一"五能"评价进入格致初中,实现初中与高中的对接;两年前又推广到集团化办学的格致教育集团的另外两所成员学校初中——储能中学、应昌期围棋学校。

将这些记录下来,有什么好处呢?比如格致毕业的两个初中学生来参加自主招生,高中学校从他的记录中可以看到他初中四年的情况;而另一所学校来的学生,四年的情况却并不完整。同样的,参加清华大学的自主招生时,格致高中的学生可以给清华校长一份比较完整的记录,而另一所学校的学生拿出来几张纸,却并不能全面反映他的情况。

小张同学前年从格致初中毕业,虽然他的学业测试成绩不是很优秀,但是他热爱数学,喜欢做实验,动手能力比较强。这些特点,在格致初中的"五色花"评价体系中都被记录下来,在自主招生的过程中,小张同学便以其突出的创新能力,最终进入格致高中。

中考新政提到的"一依据一结合",就是以学业水平考试为依据,结合综合素质评价,除了学业水平成绩,在名额分配综合素质评价、自主招生中,综合素质成为市实验性示范性高中的一个结合因素。

新高考和新中考改革都更注重学生全面发展,不唯分数论,挖掘孩子的特长,培养孩子的兴趣,而不仅仅是刷题。有些孩子很有灵性,虽然他们考试成绩并不超前,但他们知道自己要什么,有一定的思考力,知识面宽广,对于学科之外的知识也略懂一二。这类全面发展、基础厚实、有个性特长的学生是深受学校喜欢的。

好的校长都有"三品"

澎湃新闻:您是特级校长,获得了多项荣誉,也是上海市"双名工程"名校长基地主持人,您认为,好的校长有没有共同的特质?

张志敏:教育的发展说到底是培养人,由谁来培养?这就是我们教育要关注的问题。教师队伍的建设非常关键,校长队伍的建设更加需要关注,因为校长是一所学校发展的灵魂人物,主管一所学校,培养的人能影响未来20年、30年。

未来的发展如何走,在新时期面临的挑战也很多,各级各类的教育,都会遇到自己办学特有的困难和挑战。黄浦区教育系统将名校长培养定义为登峰计划,非常确切。登的过程要有目标,那就是峰,它不是滩涂,它是崎岖的山路,面临高寒缺氧的困难,是对于体力极限的挑战,对于信心意志的磨砺,这些都是对我们校长体力精力和意志力的真正考验。

校长书记怎么发展?要做三个"品":一是有品位,就是要有高的追求。这种高的追求一定建立在务实的实践基础上，所以这种品位是优雅的拼搏。这种拼搏是基于一种高位的思考和高位的目标定位。有品位的东西是有生命力和理想的。二是成为有品质的学校。有品质的学校就要实现学生德智体美劳全面发展，根据学生身心发展的规律和教育发展的规律办学。三是个人的成长也要有品格追求，要有自我规划。每个校长应该追求自己的办学品格、素质品格，要成为一个真正能够引领学校发展的领导者。

我始终认为，创新成就学生、老师和校长，课程成就学校！

教育集团不能千校一面

澎湃新闻： 为促进区域教育优质均衡发展，上海推出了学区化集团化的战略，格致教育集团有什么优势，发展过程中遇到了什么挑战？

张志敏： 格致教育集团以上海市格致中学为牵头学校，上海市格致初级中学、上海市曹光彪小学、上海市浦光中学、上海市应昌期围棋学校和民办明珠中学为成员学校，2014年11月成立，由我担任上海市格致教育集团理事长。我们探索基础教育全学段创新素养一体化培养新模式，希望充分发挥教育引领作用，为区域教育均衡化发展贡献智慧和力量。

格致教育集团以培养学生创新素养为核心，发展各成员校特色项目，促进资源的集成与共享，实现优势互补，从而显著提升办学水平，推进区域教育的优质、均衡、多元发展。

集团尊重成员校的办学传统和办学特色，建立健全理论学习类、科技创新类、社会实践类、艺术体育类、兴趣爱好类、志愿服务类六大类学生个性发展体系。小学以教师指导为主，初中以教师指导与学生自主活动结合为主，高中以学生自主活动为主。集团举行统一的社团节、艺术节、体育节和科技节，为师生拓展更广阔的活动和展示空间。不同学段的孩子,还能登上同一个舞台,分享成长体验,挥洒青春热情。

为进一步提高教师群体整体性学术优势,提升教师的研究创新能力,格致教育集团启动了集团卓越教师培养计划,造就一批个性鲜明、教学特长显著的卓越教师和名优班主任。

目前集团正在探索实践过程中的课程衔接、师资互动、学分互认、资源共享、信息互通的"五融合",以及自愿与指派、求同与存异、规模与可能、权利与义务的"四关系"。

在我看来,集团发展要多样化,不能千校一面,要找准问题、更新观念、打开思路。集团也要尊重每所学校的传统和特色,为成员学校的发展创造条件,起好帮助、支撑作用。

课堂优质教育才会优质、教学创新学生才会创新
——对话大同中学校长郭金华*

走近学校

创办于1912年的上海市大同中学已走过107载芳华岁月，作为首批命名的上海市实验性示范性高中，1987年起大同中学率先在全市开展高中课程整体改革，形成了成熟的课程体系和丰富的课程内容。学校以"笃学敦行，立己达人"为校训，知名校友云集，已培养了39位两院院士以及政商学界的一大批兴业英才和治国栋梁。学校注重培养学生的综合能力，每年都有一大批学生进入国内外的一流高校深造。

---

* 郭金华，中学高级教师，语文学科带头人，华东师范大学免费师范生兼职导师，第四期"上海市普教系统名校长名师培养工程"攻关计划主持人。2018年起任大同中学校长，长期从事高中语文教学和学校管理工作。先后参与并承担了十几项市级以上教育科研课题研究工作，研究领域包括学校课程规划、校本课程开发、学业管理与评价及校本研修等。曾获"上海市优秀教育工作者"、上海市黄浦区"十佳青年"等荣誉称号。

大同中学校门

对话郭金华

  作为一所百年名校的第十三任接棒人，2018 年履新的大同中学校长郭金华爱看的一本书是美国管理大师彼得·圣吉的名著《第五项修炼》，书中提到：1983 年荷兰皇家壳牌公司的一项研究发现，1970 年世界《财富》500 强名单上的公司，此时已有三分之一销声匿迹了。根据壳牌的估计，大型工业企业的平均寿命小于 40 年，大概只有人的平均寿命的一半。

  这项研究深深地触动了郭金华，在他看来，学校和企业组织的活力是类似的：学校在一个时代才气横溢，而在后续的一个时代可能却只显示出学究习气和墨守成规。

  作为一名新任校长，接任的是一所有着一百多年办学历史和三十年课改传统的上海名校，又逢大发展大变革大调整的新时代，如何使这所百年名校在新时代的征程中保持其竞争力和活

郭金华校长

力,是郭金华一直在思考的问题。

"人不能没有梦想,作为一名新任校长,也作为一名老大同人,更不能没有作为。"走马上任后,郭金华在学校前五轮发展规划的旅程中寻找走向未来的基点,在黄浦"格而有致,品而有位"海派精品教育的办学追求中对标学校发展的定位,在学习习近平新时代中国特色社会主义理论、教育中长期发展规划、上海教育综合改革的蓝图中思索:要把大同办成一所什么样的学校?

在思索和探究中,目标渐渐清晰,"我希望大同中学能提供适合学生成长的教育,在这所学校里学生快乐成长,教师幸福工作,每一个经历过大同生活的人都有获得感。"郭金华希冀,在人们的评价中,大同中学是一所"教学质量高、师资水平好、学生素质优、教育影响力远"的学校。

不培养教师将掣肘学校走向成功

澎湃新闻：您给大同中学的发展描绘了美好的蓝图，但要实现新的愿景必然面对一系列的挑战，您和您的团队靠什么去实现梦想？

郭金华：一个学校要走向成功，其背后总有些关键要素在发生作用。回顾历史去寻找大同中学能够在上海教育占有一席之地的原因，我们不难发现以下几项因素起了重要作用：一是确立了"全面发展，学有特长"的育人理念，学校有共同的价值追求；二是历任校长一以贯之，注重在传承中创新，在创新中发展；三是与时俱进，三十年来以课程改革为抓手提升学校影响力；四是有一支结构合理、业务优秀的教职员工队伍，尤其是培植了"团结、实干、奉献、改革、创新、进取"的团队精神；五是相对稳定拥有在全市具有一定竞争力的生源；当然，也离不开市教委的指导、区教育局的领导及良好互动的教育专家资源的支持。

要实现新的愿景，我们靠什么继续走向成功？在价值多元的时代，我们不能忽视教师队伍对教师职业和学校文化的理解、认同、传承和践行。如果不正视教师队伍建设，如果不加大对青年教师队伍、干部队伍和班主任队伍的文化培育、能力提升和专业培养，将在很大程度上掣肘学校走向成功。

我想把战略改进的重点放在"教师发展、课程重构、制度再造、文化凝聚"四个领域。

教师发展。教师是学校的核心竞争力，树立"教师第一"的观念，将教师的专业发展作为学校发展的第一要务。创新制度，激活教师专业发展的热情；创设平台，成就教师专业发展的获得感；创造机会，提升教师学校生活的幸福感。

课程重构。学校是通过课程为学生的成长服务的，课程是学校的核心产品。你不能改变生源,你就得改变课程。课程改变了,学校才会改变;课堂优质了,教育才会优质;教学创新了,学生才会创新。今后,我们将持续进行"从学生适应课程到课程适应学生"的课程供给转型,持续进行"从以教带学到以学导教"的教学改进探索。不断创新课程的内容与实施,打通"断头路",真正实现以学生综合素养培育为出发点和归宿,打造满足学生个性发展需求的完整的课程供给链条。

制度再造。制度具有相对的稳定性,但也具有相对的惰性,如果不进行与时俱进的改造,制度就会成为走向成功的阻力。高考新政强化了学生的个性化成长,就需要我们以学生为中心,建构适应生涯指导、课程供给、资源整合、综合素质评价的学生成长支持服务系统。所以要加强学术发展和改革创新的领导机制,

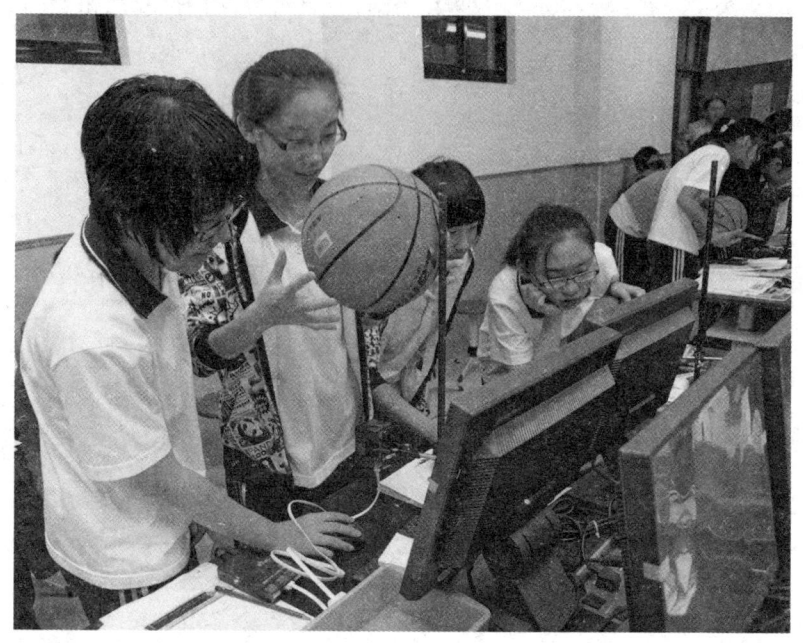

生动的物理课

完善学校知识管理机制,优化学校层级管理效能,将大同中学打造成为学术氛围浓厚、具有变革与创新活力的专业社群;以"数字化学校"建设为目标,将基于数据分析的教育管理策略型研究作为突破方向,不断创新现代信息技术在学校的应用。

文化凝聚。要继承和弘扬优秀的学校文化,守住教育"立德树人"的使命,"以文立校,以文化人",让优秀的学校文化进入教师的心灵,体现在教师的行动上,真正实现文化认同、文化自觉和文化自信。更重要的是通过文化建设工程和机制制度再造培植"创新改革,追求卓越"的简单而积极的团队价值取向。

高考新政背景下学校课程的供给侧改革

澎湃新闻:您刚才提到了考试招生制度的改革,我们知道,2014年9月,国家公布了《关于深化考试招生制度改革的实施意见》,上海和浙江成为全国首批两个进行新高考改革的地区,您提出的"高考新政背景下学校课程的供给侧改革"研究受到了多方关注,您如何看待新高考改革的作用?

郭金华:作为改革先行区,上海学子从2017年开始迎来新的高考模式。如何应对考试招生制度的新政策,如何适应新的高考模式,成为基层学校、教师、学生及家长面对的崭新课题。

固然,认真地研究如何应对数学文理不分科,如何应对英语考两次,如何应对"六选三",盘算怎样在高考660分的总分中取得高分,对于赢得高考至关重要,毕竟高考新政看上去似乎强化了"分数是王道"的现实。

但是,我们也应意识到,考试招生制度作为一种评价制度,对于学校的教育教学实践具有重要的价值导向作用。正如《上海市深化高等学校考试招生综合改革实施方案》指出,应"着眼于学生德智体美全面发展,遵循教育发展规律和人才成长规律,扭转片面应试教育局面,深入实施素质教育,为学生成长成才提供更多机会、更大舞台"。从这个意义上来思考,我们认为,考试招生制度改革是促进学校深化课程改革,实现高中学校转型发展的重要契机。换句话说,高考新政建立的是一种"倒逼"机制,通过"镣铐"的松动,"空间"的腾留,"倒逼"高中学校进行深刻而广泛的变革,唯有如此,我们才能赢得未来。

学校的这种变革不是局部的,而是整体的;不是被动的,而是主动的;不是碎片的,而是系统的。当然,也绝不是"休克式"的,而是学校文化传承基础上的创新行动。正如美国面向21世纪的教育改革行动。美国"21世纪技能框架"图(即21世纪知识与技能"彩虹图"),除明确提出了面向21世纪美国学生必须掌握的核心主题以及学生在21世纪成功地工作和生活所需要掌握的技能、知识和专长;还非常清晰地勾画了教育改革的路径,即要想实现21世纪的知识与技能目标,必须创建21世纪的

校园十景之百年文脉——大同博物馆

教育系统。也就是说，必须对标准、评估、课程、教学、教师专业发展以及学习环境等教育支持系统进行改革。

学校深化改革的路径可以借鉴美国面向21世纪教育改革的模式。根据学生综合素质评价的要求，构建学校学生综合素质培养目标，对学校培养目标进行再提炼；以学生综合素质培养目标引领学校的课程变革，突出多样化和选择性，对学校的课程进行再设计；支持学生个性化成长，对学校现有课程资源进行有效整合和深度开发。促进教师专业化发展，加强教师专业素养的学术建构；促进包括学校管理机制、信息化系统等在内的学校支持系统的变革，为学生的成长提供强有力的支持。

澎湃新闻：您能举例说明一下新高考改革的大同探索是如何推进的吗？又是怎么解决相关的问题的？

郭金华：要实现学生的个性化发展，必须建立这样的课程理念：学校的课程应从"学生适应课程"转变为"课程适应学生"，学校的课程计划应从"规划学习任务"转变为"适应学习需求"的完善。因此，必须研究学生的个性发展诉求，根据发展需求提供课程。如2016级学生在兴趣类型偏向社会型、研究型所占比例较大，2017级学生在艺术型、研究型、社会型所占比例较大。单从学生兴趣类型角度看，学校在不同学习领域中课程设置的内容、课程科目的数量，甚至课程实施的方式都应当体现出课程供给的差异。

不把取得好的学科成绩作为评价学生学习的唯一标准

澎湃新闻：作为一所百年名校，大同中学在选择青睐的学生方面有什么标准？

郭金华：我们不把学科成绩作为评价学生学习的唯一标准，

要知道教科书不是学生的全部世界,学生得在与他人的交往中"学会做人",得在参与社会中"学会生活",得在知识的建构中"学会学习",更应成为一个学有特长的自己。学生要做一个"全面发展,学有特长"的人,做一个有"立己达人"情怀的人。

"忙,没时间"不能成为学生不读书的理由,阅读经历与体验对成为什么样的人具有重要的意义。"腹有诗书气自华",从对学生提交的"读书经历"的阅读中,从对学生面试时的问辩中,能体会得到我们对有"书卷气"的孩子的青睐。因为在大同中学,读书应成为一种日常的生活,每周有"名著导读课",每学期有必读书目和选读书目,每学年有"阅读节"活动。同学们还可以参加"文史哲沙龙"的高级研修课程,把兴趣转为专业的追求,在教师的指导下写成《从〈搜神记〉管窥汉魏六朝的政治制度》等这样为复旦大学"博雅杯"所青睐的文章。

我们不希望我们大同的学子成为只会做题目的"考生",更希望他们要能对学习生活中一些困惑有提出疑问的勇气,因为这些在"自己心灵中闪过的微光"往往在一些"天才的作品"中出现。要能对生活中经常碰到的一些议题(事件、现象、观点)有自己的看法并能用事实或者道理逻辑清晰地表达。请记住比起"先有鸡,还是先有蛋"的答案,老师们更会在意通过同学的表达,观察同学思考的深度、创意和逻辑。

我们当然也不希望学生填写的学科成绩或者定位排名是学习好的唯一证明,单纯的背诵、记忆、反复训练成就不了优秀的学习品质,对学科本质的把握以及在生活中的应用应是学习的目的和意义。如果足够自信,一定不会在老师给的一张煤气表(或水表、电表)示意图前为读不出一个家庭的煤气(或水、电)使用量而发呆;一定会运用所给的简单工具(如一根绳子、一个图钉、三支铅笔）测定不规则匀称物质的重心；也一定不会觉得"莎士比亚的名剧《威尼斯商人》中的女主角鲍西娅对求婚者说：'这里有三个盒子，金盒、银盒和铅盒，每只盒上各写了一句话，三句话中只有一句是真的，谁能猜中我的相片放在哪个盒子我就嫁给谁。'请问相片放在哪个盒中？"这样的问题挠头；一定会侃侃而谈洗衣机的工作原理……

在大同中学的课堂里，我们需要学生知道"一支铅笔有多少种用途"。

我们重视对学生自主学习、反思学习和高效学习的培养。

我们生活在一个竞争的时代，国家对创新人才的渴望是那么强烈。我们不否认每个人都有一个"小宇宙"等待去开发，进入大同中学，学生将会接触一门全新的我们称之为"CIE"（创意、创造、创业）的开发创造潜能的课程。所以我们得通过团队的活动观察学生的领导能力、合作能力、沟通能力，将捕捉学生在项目"头脑风暴"中所表现出的想象力、发散思维和有效利用信息的能力。这或许是一个"还原古代造纸作坊，并提出可行的提高纸张质量或者制造速度的办法"的项目，或许是一个"手机功能改进"的项目。学生得明白有没有对某个领域有着强烈的兴趣，因为到了大同中学，学生也许会面临"生化工程实验室""创意设计实验室""建筑营造实验室""智能终端（及软件开发）实验室""机器人科学实验室"等创新实验室课程或其他特需研修课程的选择；也许会参与和日本高中友好学校的"中医药"课题、与美国名校菲利普斯学院以及中国人民大学附中的"城市环境保护"课题等国际合作项目研究；可能会代表中国参加"科学前沿Science Edge"国际竞赛，也有机会带着自己的课题入选上海青少年科学院小院士。

总而言之，我们青睐的学生需要具备以下这些素养：人文素养、学科思维、学习品质、创造潜质。

学校进门的"院士墙"记载着39位两院院士的光辉，当然还有几块"留白"，我想对我们大同中学的学子和准学子说：也许未来你就是那位填上其中一块"留白"的院士，也许你就是那位为母校添砖的校友，因为你是和我们一样做着美丽"大同梦"的人。

建 AI 样板学校，生涯教育一体化
——对话卢湾高级中学校长何莉*

走近学校

卢湾高级中学创建于 1953 年，是上海市实验性示范性高中。学校以"科学教育树人，人文精神立魂"为办学理念，致力于培养具备高度科学素养高中学生，营造浓厚人文精神的学校文化。学校是全国未成年人思想道德教育先进集体、全国心理健康教育特色学校、上海市科技教育特色示范学校、上海市艺术教育特色学校、上海市体育特色传统学校、上海市头脑奥林匹克活动特色学校。

学校整合课程资源，丰富特色课程，构建了有科学教育特色的基础型、拓展型和研究型三类课程体系。开设和创建了一批受

---

* 何莉，现任上海市卢湾高级中学校长，中国教育学会教育管理分会第六、第七届理事会理事。出版专著《无边界课程：互联网＋时代的变革加速度》《跨界学习：教师专业发展的新境界》《六度教学：基于绿色指标的行动研究》《教育不是一个人的事——"众教育"36 条》。在课程改革方面，她带领学校"无边界思维坊"的老师攻坚克难，开创了"学科之间串串门""让思维玩转课堂""整个世界都是教室"的"无边界课程"。

卢湾高级中学校园

学生喜爱的课程与社团，如智能机器人课程、头脑奥林匹克课程、跨学科融合的 STEM＋课程以及航空航天无人机、DI 等 70 多个社团。

学校实行小班化教学，拥有现代化的教育资源和一流的办学设施：300 米塑胶草坪运动场和室内体育馆，先进的理、化、生专用实验室，多功能开放实验室，DIS 数字实验室，EPD 项目中心实验室，智能机器人实验室，天象馆，舞蹈房等。

对话何莉

只要一提起上海市卢湾高级中学，大家都会对它的"科学教育"竖起大拇指。建校至今 66 年来，这所上海市实验性示范性高中在科技创新活动中屡创佳绩，拿奖拿到手软：获世界级奖项 19 项、国家级奖项 69 项、上海市级奖项 461 项，13 人次获上海市"明日科技之星"称号、2 名学生获得"上海市青少年科技创新市长奖"及提名奖、2 名学生获得国际太空组织以其名字命名小行星的殊荣。

在校长何莉看来，学校坚持用"科学教育树人，人文精神立魂"的办学理念，培养学生的科学素养，"把科学与人的生存和发展真正连接起来，使科学富有人性！"

现如今，信息技术的快速发展，大数据、人工智能深度介入

何莉校长（右一）

教育，学校敏锐地捕捉到前沿需求，成立AI（人工智能）课改团队，和业界独角兽合作，率先探索建立AI样板校。

黄浦区教育局局长姚晓红对于卢湾高级中学积极进行特色探索表示欣赏："希望学校作为科学教育特色基础最好的一所学校，能够加大优质资源的辐射力度，成为科学教育特色办学辐射最广的一所学校。"

注重学生科学素养

澎湃新闻：学校的最大办学特色是什么？

何莉：学校坚持用"科学教育树人，人文精神立魂"的办学理念，培养学生的科学素养。

老师：每个人都是多面手

澎湃新闻：师资是一所学校品牌的保障，学校对于老师选拔有什么样的要求和培养举措?

何莉:很幸运我们有一支愿意拥抱新技术、希望利用新技术改变教育的教师团队,特别能吃苦,特别能战斗,每个人都是多面手。比如科技总辅导员张晓骏老师,对于智能机器人、3D打印、VR技术、航拍技术,无所不精;劳技课老师孙庆华,创建了校内天文馆和天象馆;柴继祥老师把人工智能理论讲得深入浅出,可以让零基础的学生成为编程高手。

我们不少老师既教国际部课程也教本部的高考课程,语文老师周雪梅会把注重学生思维体系构建的项目式学习法用于本部课程。

培养学生发现自己、成为自己、超越自己

澎湃新闻:青睐什么样的学生?如何培养学生?

何莉:在高一学生入学时,学校希望他们有比较强的适应能力和接受新事物的能力,热爱阅读,善于思考,乐于实践,关注历史与未来,对世界对未来有好奇心和探索精神,有丰富的想象力和创造力。经过学校三年培养后,希望他们是具有家国情怀、国际视野、有创新精神与动手实践能力的新时代高中生。有着积极的心态,能够智慧地应对未来变化和挑战,具备批判性思维能力、动手实验能力、知识迁移转化能力,掌握认知客观世界规律的方法。

提早培养学生的人工智能素养

澎湃新闻:学校要创建的AI样板校是什么样的?将会如何改变教育的生态?

何莉:和部分先行先试的学校挑选一部分学生进行人工智能授课的方式不同,我们目前已在高一年级中全面普及了人工智能课程。

人工智能是时代发展的大趋势,为教育的发展提供了技术支持,上海作为国家教育综合改革试验区,起着"先行先试"的引领作用。我们学校也正处于探索阶段,学校 AI 课改团队于 2018 年 8 月成立,我们到世界人工智能大会等处进行培训、参访、研讨学习,共同探讨人工智能如何与教育结合,如何赋能未来教学。

AI 对于教育的改变将是多方面,比如"AI＋智慧校园""AI＋学科整合""AI＋科创项目""AI＋专业发展""AI＋课程实施"等。智能办公方面,智能签到、监考管理、实时课表、OA 办公、家校沟通和教师档案等都可以化繁为简,提高校园信息传输及档案管理效率。

卢湾高级中学学生在研究利用 AI 技术进行无人驾驶模型车的路径规划

VR 技术、3D 打印技术、智能五感等技术都将拓展课堂界限,帮助学生在情境模拟及空间建构中,更好地理解复杂、抽象的内容，并增强学生的参与性与能动性，极大地提高课堂效能。我们目前已经实现了老师手机阅卷，利用大数据对每个学生的学习状态、学习情况进行跟踪测评，使学习指导更有针对性。另外，高考新政下的走班管理，可以利用人脸识别智能签到；学生打乒乓球、羽毛球，可以用机器来捡球喂球，这些都节省了大量人力，提高了效率。

AI未来会取代老师么？我想是不会的，老师可以从简单机械的劳动中解放出来，去学习，开阔眼界，和学生更好地互动，启发学生，培养学生的程序编写能力及批判性思维和质疑精神。

澎湃新闻：学校对于学生的生涯规划有哪些举措？

何莉：生涯规划是唤醒，不是塑造。让学生尊重自己内心的声音，不要被生活牵着鼻子走。中学生越早有生涯的意识，越能自主地规划自己的人生，明晰自己的人生目标，从而拥有更多的选择权。

黄浦区通过集群式办学，加强校际合作，加大优质教育资源的辐射力度，让学生享受更加优质公平的教育，办好老百姓家门口的好学校，于2017年组建了卢湾学区，成员校包括：卢湾高级中学、比乐中学、卢湾中学、启秀实验中学、海华小学。

作为卢湾学区的牵头学校，卢湾高级中学以上海市教委《关于加强中小学生涯教育指导意见》为导向，首次尝试以学区为视角探索小初高一体化推进生涯教育，打造学生终身可持续发展教育链。具体举措包括：顶层设计学段目标，探索生涯教育学段贯通；整体规划教育内容，系统开发生涯教育课程；围绕学段发展特点，系列设计生涯特色活动；整合校外社会资源，拓展生涯体验实践基地；探索生涯教育多维途径，倡导全员生涯导师意识。

2018年12月6日下午，在卢湾高级中学文体中心举行了以

"启蒙·探索·选择"为主题的上海市生涯教育一体化展示暨第七届心理健康教育活动课颁奖仪式。卢湾学区的五所学校通过丰富的形式,展示了不同学段生涯教育的特色:一群活泼可爱、充满朝气的小朋友穿着各行业的职业服装,俨然像一个个小大人走上了舞台,这是海华小学的"我的2035职业时装秀",展现了生涯教育的职业启蒙阶段;通过一堂"我的生涯探索之旅"主题谈话微课和微言微语"划"生涯的访谈,启秀实验中学与卢湾中学给大家展示了初中生涯探索阶段的具体做法;比乐中学的生涯情景剧"KAB的世界"包含了多方面的创业知识,卢湾高级中学学生汇报了如何通过生涯课题研究助力自主成长,可以看出,高中的生涯教育侧重于生涯规划。

"办学生喜欢的学校",促进学生幸福成长是黄浦教育的愿景,也是每一位卢湾高级中学教育工作者的愿望。生涯教育是一项系统工程,也是一项长期工程,卢湾学区会继续坚持深耕生涯

卢湾学区海华小学"我的2035职业时装秀"

教育，为学生提供系统的生涯教育课程和系列的生涯体验活动，让学生有能力在不同发展阶段皆能对自己的过去、现在和未来，有一个重新审视、评估的机会，为自己规划一个璀璨亮丽的人生。

学生社团丰富且纯公益

澎湃新闻：如今编程、机器人等与科创相关的校外课程费用动辄数万元，卢湾高级中学是否开设了这样的课程和社团？

何莉：学校的课程和社团活动不仅丰富而且是纯公益的，目前构建了有科学教育特色的基础型、拓展型和研究型三类课程体系，开设了一批受学生喜爱的课程，如智能机器人课程、头脑奥林匹克课程、跨学科融合的 STEM+ 课程等。

学校的社团覆盖范围也很广，有航空航天无人机、DI（头脑创新思维竞赛）等 70 多个社团，类别可以分为科技类社团、艺术类社团、体育类社团、人文类社团等。其中，智能机器人社团捧回了多项世界杯，航模社团夺得全国和上海市的多项锦标赛第一名，卢湾高级中学传媒社团获得科学影像节的金奖，在上海创客嘉年华上，我校学生还获得了青少年创意木工大赛的奖项。

注重课程中西融合

澎湃新闻：卢湾高级中学 BC 中加国际课程如何关注学生国际情怀的培养，又如何与国内课程进行互补？

何莉：国际课程最大的优势是注重学生思维体系的构建，经常会用到项目式学习。以语文课为例，我们的周雪梅老师既教普通高中课程，也教国际课程的高中课程，在讲孔子这一章节时，她要求 BC 班的学生设计孔子周游列国的飞行棋、与《论语》相关的谜语、课本剧等。项目式学习有利于学生的思维和表达。学生参与不同维度的思维对话,在课堂上呈现自己的观点,这有利于帮助学生完善思维结构,提高独立思考的能力。我们的国际课程还注重生涯指导和升学辅导。

学校开展国际合作课程的价值取向有三点:一是探索促进中西方课程优势互补,相互交流、理解和融合的国际教育新模式;二是在开展国际课程合作的过程中推进教师课程与课堂教学理念的转变,打造具有国际化视野、满足未来社会培养国际化人才需要的教师队伍;三是积极培养能够抓住国际机遇、迎接国际挑战,具有国际意识、全球观念的创新型国际人才。

教育AI来了！坚守教育本原，探寻学校之变
——对话市西中学校长董君武*

走近学校

上海市市西中学坐落在市中心环境幽静的愚园路上，源于1870年创建的"尤来旬学校"，1946年正式命名，1953年成为上海市政府命名的重点中学，2004年成为上海市教委首批命名的实验性示范性高中。

首任校长赵传家先生提出的"好学力行"的校训，是市西师生践行和传承70余年的文化传统，已成为市西中学的文化标识，影响和教育了一代代市西师生。在市西中学文化传承与发展过程中，"三格三雅"（三格：国格高尚、品格优良、性格健康；三雅：志趣高雅、举止优雅、谈吐文雅）已经成为市西人基本的

---

* 董君武，上海市特级校长，中学数学高级教师。上海市静安区领军人才、静安区名校长、上海市静安区教育学会副会长、教育部中学校长培训中心兼职教授、华东师范大学教育管理系兼职导师。在担任市西中学校长期间，积极推动市西中学的课程改革。率先开设了"思维广场"讨论课程，在普通课堂教学之外为学生拓宽视野、锻炼思辨能力提供了广阔空间。主编《育·才——促进初中学生自主性发展的实践与研究》《"一课多教"的实践与探索》，编著《现代学校的持续发展》《学校变革与教育领导》等专著。

市西中学校门

价值追求和行为准则。

市西的历史和现实,铸就了市西中学"海纳百川的历史渊源,兼容并包的教育情怀,敢为人先的锐意探索,追求卓越的执着信念"的海派文化特质,市西中学堪称海派教育的典型代表之一。

"思维广场""MOOC 与翻转课堂""云课堂"等一系列具有开创性的教改举措,引发了教师的"教"与学生的"学"的方式变革。敢于质疑、善于表达、乐于合作、勤于探索、勇于思辩的学习品质,让市西学生能更好地适应未来高校的学习。

对话董君武

学生该不该用手机?这仿佛是个世纪难题,难倒了很多家长,也难倒了很多的校长和老师。不少学校都要求学生不能用手机,或者带了手机也要上交。于是,部分学生在学校时,为了能用手机,和老师玩起了捉迷藏,在家里则与家长斗智斗勇。然而在上海,有这样一所中学,学生们可以畅用手机,因为校长明确鼓励他们:"有手机这么便捷的工具为什么不用,放心大胆地用!"

董君武校长

这所学校就是市西中学,校长董君武认为,现在的学生是"网络原住民",应该让他们与这个世界保持联结,培养他们的网络素养。忌讳手机的原因无外乎担心玩手机游戏影响学习,事实上,游戏也是学习,人类就是从游戏开始学习的,一两岁的孩子正是在玩游戏的过程中,不断地尝试、探究,最终习得技能。

"有时候发发呆也是学习,睡眠也是学习,聊天也是学习。"在董君武看来,学习无处不在,学习无时不有,他在市西中学首创了"思维广场",让自主选择成为学习常态,打造"学习空间连续体",重构学习环境,再造教学流程,深化学习变革。

人工智能正在改变世界,技术的创新正在改变着教育,"互联网+教育"为教育的个性化和优质均衡提供了可能。面对技术与教育的融合,未来的学校将会如何改变?市西中学已经率先出发,并且正在积极探索的路上。

首创"思维广场",让自主选择成为学习常态

澎湃新闻:市西中学首创的"思维广场"在教育界内外都获得超高点赞,这一模式解决了教育的什么痛点?

董君武:"思维广场"带来的最大变化是为学生提供了开放自由的学习空间和弹性灵活的学习时间。

"思维广场"共有两个楼层,使用面积有880多平方米,是一个整合了图书馆、计算机房、研讨室、休闲区等功能的学习场所,整体通透敞亮,设备先进,功能多元。"思维广场"适应不同学习需求、学习风格、学习习惯的学生展开各类学习活动,为师生个性化教学实践提供了可能。它的空间设计与建设的主要特点是:数字化、通透宽敞、舒适安全、半封闭半开放。

"思维广场"教学突破了传统课堂中教与学的方式,实现了对传统课堂的"翻转"。在这个开放和宽松的学习环境中,学生可以利用数字化的技术获取信息,以自学、讨论、合作、交流为主要学习方式,从而有效促进有选择的独立学习和合作学习,促进学生表达能力和思辨能力的提升,很好地满足了学生个性化学习的要求,使学生的学习更有价值。

澎湃新闻:在"思维广场"的推进过程中遇到什么挑战?

董君武:我是2012年2月到市西中学担任校长的,经过两

个月调研后我发现,学校的生源比较好,我思考着怎么样为优秀的学生提供更好的学习资源,有没有可能通过突破传统教室的布局,改变老师面对整个班级一直不停地讲课的传统方式。

怎么改变?我找了设计师,反复修改,易稿多达十多次,最终建成了思维广场。

建好后怎么上课?一开始,有一些老师们出于好心,给我提出建议说,董校长,思维广场建得很好,建议在课外活动或是社团课时用一下。我明白这是稳妥的做法,但既然建成了,就不能小打小闹,而是要有真正的变革,必须用在必修课里,否则理想就会变成空谈,也会招来不理解者的闲言碎语。

于是,我拿出语文、英语、政治、历史、地理五门必修课,进行多样的教学组合模式,实打实地进入思维广场上课。一段时间使用下来,效果十分明显,同学们都喜欢在思维广场上课,热门的课程还需要"抢跑道"。因为学习内容、方式、时间安排、伙伴,都是学生自己选择的,这样学生的学习自觉性、合作意识、口头表达、批判性思维都得到了提高,真正引发了教学流程的再造。

在思维广场,再造后的教学流程变为:目标引领、自主研习、合作研讨和思辨提升。

思维广场目前的模式已经很清晰,主要包括四大步骤:首先是教师发布任务单、讨论主题、讨论室和时间选项,其次是学生选择学习内容、学习方式、学习空间、学习时间,接着是自主独立学习、自由合作学习、师生主题讨论、学生发起讨论的学习过程,最后是个体学习小结、师生评价反馈、学习成果展示、学习反思改进的总结。

发起改革,希望教师去改变,首要的前提是得让老师觉得改变不复杂,否则老师只能应付。对于改革,我的态度是:小步走,不停步,三年五年下来就是一大步。

澎湃新闻:您期望的"学习空间连续体"是如何发挥作用的?

董君武:可以分为这几个维度:结构化正式学习(包括教师办公室、演讲厅)、非结构化非正式学习(包括草坪、学生宿舍)、教师指导封闭空间(包括一般教室、实验室)、学生自我指导开放空间(包括屋顶花园、餐厅)。

校园学习空间、真实(社会)学习空间、虚拟(网络)学习空间、正式学习空间、非正式学习空间这五大要素形成了一个闭环。

市西灵动的课堂

人工智能正在重构教育

澎湃新闻:人工智能(AI)如今是个热遍全球的词,您如何看AI?

董君武:我的观点是:人工智能引领未来教育深度变革。不可否认,人工智能正在改变世界;人工智能也催生着哲学及伦理的新思考：生命也许只是智慧存在的一种方式，人工智能可能成为智慧的另类存在，以有机物（或"微"生物）支持算法的"生物"计算机，也许会创造具有生命特征的人工智能。所有这些，将引发人类对于自身和世界的全新思考，引发对社会伦理的全新思考。

人工智能也在改变着人类劳动和生活的方式，有研究表明，60%以上的劳动将被机器人所替代，那什么样的劳动将会不可替代？值得思考。

澎湃新闻：人工智能会改变教育么？又将如何改变？

董君武：人工智能必将改变教育。学生学什么，怎么学？教师教什么，怎么教？学校将以什么形态而存在？这些都是需要我们思考的重要问题。

技术的创新正在改变着教育，"互联网＋教育"为教育的个性化提供了可能，为教育的优质均衡提供了可能。

教育 AI 对人类学习行为、学习课程和学习结果都会产生影响，对于学校而言，更要坚守教育本原，探寻学校之变，基于教育 AI 的个性化学习，内容、方式和时空都会发生改变。

澎湃新闻：面对 AI 的冲击，市西中学在进行什么样的探索？

董君武：我们正在进行网学课堂的创新，以人机互动引导自主学习。我们希望以"云课堂"来重构课堂教学流程，这一流程包括：目标引领、视频先导、自主学习、练习反馈、释疑深化、思辨提升。

澎湃新闻：网学课堂比普通课堂更有效果么？是否有什么数

据的对比？

董君武：通过一段时间的实验，我们发现，对比效果是明显的。

比如在市西中学，我们把网学课堂班定为实验班，实验班2个月后排名明显提高，持续使用排名稳居前列，实验班四次考试成绩比最好的对照班提升分别达7.3分、9.6分、9.8分、11.7分。全部班级同时使用网学平台后，各班成绩均衡提高。

还有一个例子是，我们在另一个年级的两个班级进行了对比实验。其中一个班是高分特色班，拥有30年教龄的老教师使用传统教学法，另一个班级是普通班，刚毕业的新教师搭配网学平台的教学法，结果三次数学考试成绩，实验班成绩超越高分特色班，且实验班成绩持续、高速提升。

我们还在另一所兄弟学校进行了实验，导入"预学反馈——对话巩固——深化拓展——内化建构"，探索促进自主学习的课堂新模式。经过一年的"网学进课堂"数学课堂教学项目的推进和实施，项目成效明显，一是学生学习质量提高。实验班学生的数学成绩，整体较实验初期提高了34％。学生从接受性学习走向个性化多方式学习，85％的学生提高了学习主动性和学习能力。二是教师教学水平提升。首次执教高中数学的年轻教师，经过半年多的项目历练，首次参加区青年教师教学评比，获得了二等奖。三是学校整体发展获得突破。该项目成为学校推动深度学习的一个新起点和突破点，提升课程领导力，推进教改迭代。

澎湃新闻：人工智能的有效利用，如何影响学生、教师和学校？

董君武：通过实验我们发现，学生以已有知识为基础，能学会一些新知识，学生自己学会的知识，是相对比较牢固的。视频先导的自主学习，使教学起点更趋一致，练习难度的课内外置换，有助于学业减负。

人工智能可以强化个别诊断，以匹配推送提高学习效能，关注差异，践行优势学习。经常有老师感叹，某某同学人是聪明的，就是没有努力，如果再给我几个月的时间，我就会让他考试成绩提高多少分。面对这样的感叹，我会反问，是否是你占用学生的时间太多了，何不给学生留一部分时间，让他们发挥自己主动学的潜能。

在我们市西中学，对于老师占用学生的时间整班补课，甚至牺牲老师的课余时间给学生义务补课，我们都是不提倡的。超时补课的班级老师是要到校长室道歉检讨的，热衷补课的老师，考核不会是优秀的，因为你占用了学生宝贵的时间。通过大规模的补课来提高所谓的成绩，是没有办法的办法，只是求得一个心理安慰。如果有更科学更专业的办法，是不会用这种牺牲生命的办法的，因为时间就是生命。

我要纠正一个传统的观点，很多老师和校长认为，老师费尽心力，把课都排得很满，能教的都教了，再考不好就是学生的事。实际上，学生没有其他时间学习，考不好应该是老师的事，留百分之二十或百分之二十五的时间，让学生自己去学，会有更大的惊喜。

在 AI 时代，还让学生通过大量刷题的方式去提高所谓的成绩，早就是过时的理念。

市西中学的教育理念是：不上课 ≠ 不学习，无作业 ≠ 不学习。学习无处不在，学习无时不有，选择形成责任，规则造就品德。

我始终坚持：不以剥夺学生自主选择权利，换取所谓的高质量；不以占用学生独立学习时空，换取所谓的高质量；不以牺牲学生身体心理健康，换取所谓的高质量。

放学后家长的提问，显示出教育的差异

澎湃新闻：您在教育领域精心耕耘多年，也到过很多国家考察过他们的教育，您印象最深刻的教育差异在哪里？

董君武：我前不久去了以色列访问，有一个话题让我感触很深。

在我们中国，孩子放学回家后，家长常问的是：考试了么？考了第几名？而以色列孩子放学回家，家长会问：你今天在学校时提问了么？如果提问了，问了什么，问题质量高么？如果没有提问，就启发孩子如何提问。

会提问，是创新之源，这也是以色列的教育一直让人赞叹的根源所在。而在中国的教育中，提问题的意识是非常缺乏的。

早在2007年，我在我当时所执教的学校做过一个实验，选了20多个学生，对他们只有一个要求，每天必须向老师提一个问题，哪怕很肤浅，甚至很无知。引导学生选择最适合自己的方式向老师提问，对老师来说，也是一种推力，自己对于讨论主题的设定，能够启迪学生思维么？这个实验经过五年多的实践，获得了全国基础教育一等奖。

任何教育改革，坚持从小处改，从一个切口进入，小步走，不停步，三年五年下来就会进步一大步。

如果学生的能力得到提升后，我对他们的成绩是一点不担心的。大家都说，像我们上海市西中学的学校不多：高一高二有开展不完的活动，高三再围绕高考复习，也有家长对此有不同的意思，让孩子大量的活动会不会挤占了学习的时间。

我们的底气从何而来，就是：专业自信。

高一高二提高了学生能力素养后，学生成绩肯定提高。

现在不少学校仍围绕升学率在转,要知道提高高考成绩也是专业技术,市西办学 关注人的发展,关注能力提高,就会把能力和素养转化为高考的高成绩。

如果高考考不好,家长会用脚投票,我在市西中学工作了七年多,高考升学率持续走高,我相信,真正符合教育规律的办学,成绩是不会受影响,背后更需要专业的研究。

澎湃新闻:听说市西有一个放权于学生的免修制度,这是如何实施的?

董君武:为了鼓励更多的学生积极主动地学习,引导学生自主选择学习内容和进程,自主安排学习时间和空间等,增强学生学习的自觉性,市西中学推出了荣誉课程制度——免修制度。学生在学期结束时,可以申请新一学期的课程免修,并在新学期开始之前自学完成一个学期的学习内容,参加学校组织的免修考试,达到一定标准的学生即可获得免修资格,学校将为免修的学生配备导师,为学生的后续学习提供个别化学习的指导。

澎湃新闻:新高考改革后,生涯规划在高中阶段受到了比之前更多的重视,您认为,生涯规划的目标是什么?

董君武:生涯规划的目标是激发学习动机,在我们市西中学,生涯规划已经形成了完整的体系。

为了让学生更好地理解、感悟"好学力行"的文化传统,新生通过寻访市西校友,感受市西人的文化特质,品味市西文化对学生的影响、市西人在社会上奋斗的足迹……从中感悟作为市西人的责任和使命。

学校通过开展寻访校友的交流分享,引导学生明确作为市西学子的目标和任务,进而思考自己的未来,规划人生,写下自己的人生心愿。学校策划了"相约 30 年后再相聚——人生心愿封存仪式"。

这就是市西人的教育追求、市西文化的传承与未来的发展在当代学生中实现交汇、融合,从而促进学生自觉意识的觉醒和健全人格的形成、发展。

培育身心健康的建设者、
思想可靠的接班人
——对话曹杨二中校长王洋*

走近学校

上海市曹杨第二中学（简称"曹杨二中"）创建于1954年，1979年被认定为上海市重点中学。江泽民同志1989年为学校题词"勤奋进取，求实创新"。2005年被评为上海市首批实验性示范性高中，2017年校园改扩建全面完成，同年被评为首批全国文明校园。

近年来学校不断弘扬"文理相通、人文引领"的办学理念，将"博雅君子"作为学生培养目标，力求"对得起学生的今天，又对得起学生的明天"，希望"助工薪子弟登国际舞台，帮普通家庭创美好生活"，积极开展一带一路的教育合作。学校教师队伍建设再上新台阶，借势高考改革，深化学校变革，实现了学校

---

* 王洋，上海市特级校长，上海市基础教育改革专家工作委员会委员，上海市高峰计划主持人，上海市中小学社会实践活动课程研究所所长。2008年1月任上海市曹杨第二中学校长至今，坚持用"文理相通，人文引领"的教育思想引领学校发展。积极投身教育改革，丰富课程体系，开展教学改进，提升队伍水平，带领全校师生不断从优秀走向卓越。

硬实力、软实力和综合实力的全面提高。

学校25年来坚持开展学生社会实践活动,2014年成立"上海市中小学社会实践活动课程研究所",王洋担任首任所长。"'多维有序'社会实践活动课程建设"课题获得首届基础教育教学成果评比上海特等奖、国家二等奖,目前在研的全国教育科学规划课题"高中社会实践长效机制研究"更致力于经验的辐射与推广。2018年"高中体育专项化课程改革实践研究"课题获得第二届基础教育教学成果评比上海特等奖、国家二等奖。

2016年3月,成立由曹杨二中、二中附校、民办兰田中学、梅陇中学、兴陇中学、沙田中学、朝春中心小学、普陀区社会实践基地和嘉定区江桥中学组建"曹杨二中教育集团"。2019年结对助力强校实验校兴陇中学,大力开展公办初中教学改革的实践研究。

曹杨二中校门

对话王洋

2008年1月,王洋主持曹杨二中工作时,是当时上海市实验性示范性学校中最年轻的校长。

如今11年过去了,他依然在实现教育理想的路上奋力前行。

10年前,他眼光独到,提出了"助工薪子弟登国际舞台"的目标,并一步一步踏实实践,如今成果颇丰,"国际化不是英美化。"他始终坚持这样的观点。

随着中国国力的强盛,经济的发展,家长对于教育的关注度在上升,他又清醒地提出:"防止步步优秀,走向平庸。"

他依然还是那个勤勉的校长,仍然全年无休。办公室为家是家常便饭,双休日只要不开会一定在学校。

他依然外表朴实,不讲究吃穿,他的名言就是:如果一味讲究衣食,注意力必然转移,是不可能静心教育的。

王洋校长

他自己酷爱读书,在填写个人信息有关兴趣爱好一栏时,总爱写上"读书"两个字!也经常鼓励同事们"要多看书,才能让自己变得理性睿智、让自己变得高尚优雅,读书强己、强校、强国。"

他希望自己的学生也能明白,书籍传承了人类优秀的文明文化。做一个爱书人,让自己有想法,就选择了有信仰有理想。

他只有一有空,就会走进课堂上课、听课,他说"不听课的校长不是好校长、不经常在学校的校长不是好校长","不站在教育的第一线,你就没有发言权!"

国际化不是英美化

澎湃新闻:听说十年前您在曹杨二中提出集中力量办好"高端、亲民"的国际课程时,遇到不少压力,但您坚持了下来,您的探索与现在国家的"一带一路"倡议不谋而合,能说说开设国际课程的初心么?目前取得了哪些成绩?

王洋:曹杨二中的底色是一所工人新村子弟学校,虽然身处国际化大都市,但很多学生的父母都是普通的工薪阶层,所以我们的初衷是要办好大众化优质教育,帮助工薪子弟超越自身潜力、摆脱家境困扰,登精英舞台、登国际舞台。

我还是一线教师时,时常骑着自行车去家访,有的班级48个同学里面,有许多家长是下岗的。这些孩子都很优秀,但缺少良好的经济条件。

所以十年前,我顶着很大的压力,在保证学校教学质量的同时,推动了曹杨二中设立德语DSD1特色班,不少学生毕业后被德国精英大学录取。此后,学校又开设了意大利语理工实验班,5年前开设了荷兰语理工实验班,2018年1月开设了希伯来语理工实验班。这些小语种班的开设都顺应了国家的"一带一路"

倡议。

社会对我们学校的认可度也在增加，2018年中国首个高中荷兰语图书馆落户曹杨二中，因为我们拥有全国首个高中荷兰语理工实验班，首届高三毕业生已经全部被荷兰顶尖大学录取。所以我们的初心不变：助力工薪子弟早日登上国际舞台，在"多语种＋专业"的复合型人才培养模式下，为国家输送"精外国语言、强专业知识、懂国际规则"的新时代优秀人才。

办好"高端、亲民"的国际课程是我一直以来的初心。需要指出的是，我们学生海外留学千万不能走富家子弟的道路，也就是所谓的为有钱人设置的路，我们的口号就是：助工薪子弟登国际舞台，帮普通家庭创美好生活。十年前开始做的时候，我已经做了很深入的研究，我们的意大利语理工班、希伯来语理工班等不仅是全中国独特的，在全世界也是很少有的。

另外，国际化不代表英美化。最近华为、中兴等公司受到美国的打压，美国给中国留学生的名额在缩减，限制中国学生从事高科技学习，为此，我们应该从德国、日本等这些国家的科技发展路径来寻求我们国家应该走的特色路径。因为中国人口众多，资源又很贫乏，到底走什么路径，实际上是需要去调整的。我认为，不一定要模仿美国之路。

这也就是为什么五年前国家提出"一带一路"倡议，就想打破现有格局，建立人类命运共同体，实现天下大同。并不是说我们只是把优势产能输出去，不单纯是拓展海外市场，也不是把钱撒出去请人家来玩，而是真正培养一批既懂语言又懂技术的人，这样才能够形成真正意义上的命运共同体。

朝正确的方向努力，防止步步优秀，走向平庸

澎湃新闻：国际课程有什么挑战？

王洋：国际课程的挑战并不少，要把上海建设成为全球卓越城市，对于我们学生来说，就是要防止步步优秀，走向平庸。为什么步步优秀而不是走向卓越？表面上看我们的学生每一步做得都很好，但实际上到最后就是一个很一般的人。

为什么会有这种情况？就是因为没有真正地从人的成长本身去考虑。小学、初中、高中都很优秀，进了大学也很优秀，结果到社会上却并不优秀。为什么会这样？要防止老师的眼界和家长的眼光，限制了学生的思考边界和成长的空间。

上海学生的优势在哪里？独特优势就是国际化，上海是全中国国际化水平最高的城市。

我们的优势实际上就在于我们比国外的孩子更了解中国。所以上海独特的魅力就在于它是中国向世界开放的窗口，也是世界了解中国的窗口。为什么世界上那么多外国友人来中国，到最后喜欢待在上海？就是因为海纳百川的城市能够容纳他，同时他在里面可以找到自我。凡是没来过中国的，对中国可能会有妖魔化的印象；凡是来过上海的，他对中国的印象就会彻底改变。上海应该是比较好的窗口，也是中外交流纽带，处于枢纽位置。

既要对得起学生的今天，又要对得起学生的明天

澎湃新闻：曹杨二中还有一个让人称道的教育方式是社会实践，比如您前不久带学生们去南京进行生存实践，就是一个坚持了20多年的活动，为什么要这么做？

王洋：我一直提倡文理相通，人文引领，对于曹杨二中的德育品牌的传统我有很深入的思考，在多次与老书记赵国章，老校长林则福、王志刚的交流中，我深深感受到社会实践的优秀传统不能丢。坚持南京生存训练，拓宽学农新渠道赴国家级贫穷县的社会考察，重走大师路，进行社会考察，博雅类人文社会实践也是

每年开展,这些都彰显了具有曹杨二中独特人文气息的"君子之道":以民族精神为魂,推进立德树人建设;以群众路线为本,提升社会实践品质;以行为自律为纲,强化文明规范的礼仪之道。

校庆时,老校友们回母校时,谈得最多的也是社会实践,早在20世纪60年代,曹杨二中的社会实践活动就沪上知名。

曾有高二的学生家长写信给我,信上说,上学期他的孩子在经历了在"甘肃国家级贫困县"的九天学农后,像是变了一个人,变得更质朴、更勤奋、更能关心父母亲了。要感谢学校的大胆创新、精心安排,让孩子长大了、成熟了。但是到了下半学期,就没有这样好的社会实践活动,学生在多门考试的压力下,情绪又变得紧张、焦虑,家长希望能再组织一些有益身心的社会实践活动。

在接到家长的来信后,学校非常重视,立即组织力量展开调查研究。我们邀请毕业校友和在校学生共同来参与调查。在对1996年至2009年期间走上工作岗位的556名校友的问卷中,就有60.5%的校友认为社会实践活动对于自己的综合素质影响最大,整整高出"学科学习"20个百分点。高一的学生更是对刚结束的南京生存训练记忆犹新、津津乐道。客观的数据不得不让人思考:什么才是使孩子终身受益的社会实践路径。

其实社会实践的综合效益,不言自喻,但大多数学校"行百里者半九十"。"最后一公里的坚守"并不单表现出教育管理者的意志,它更需要教育的主体——学生和教师来参与。集思广益、凝心聚力才是走好"最后一公里"的关键。尊重家长学生的实际需求,让更多家长、学生、老师共同参与社会实践活动设计才是一条成功路径。

所以社会实践的设计主体不再是教育管理者,而是实践的参与者。

南京生存训练我们一做就是 20 多年,江村社会调查、博雅西部行是近年来开发的新形态。面对学生的人生规划我们又成立学生生涯指导办公室,积极开拓职业体验型的社会实践新模式。我们还为每项重大社会实践活动编制了三类共计 18 本课程手册,从课程目标、组织指导、活动规范、应急预案等方面提供了像操作说明书一样针对性很强的建议。应该说通过长期的思考,我们真切地感受到社会实践有效的路径、长效的机制是:依靠群众智慧,满足师生需求,通过参观、访问、调查达成角色期待和社会承担;挖掘学生兴趣、创设自我表现的情境;通过情感体验接受生活的磨砺。

　　"读万卷书,行万里路",让社会实践活动"体验于行、内省于心、感悟于情",坚持"知行合一、学做一体",才能使之可持续发展。

有活力的学生

从高一军训、南京生存训练，高二的学农、筑梦计划、高三宣誓明志、成人仪式等安排来看，这样的活动对于学生而言，感悟都是刻在骨子里的，影响是一辈子的。

现在对于"人"的培养是最缺乏的，需要明晰的是，我们要培养的人，是一个社会人，就是需要在接触社会、了解社会、研究社会、服务社会的过程中，成为真正意义上的人，否则的话就是温室里的花朵、书斋里的孩子。

我们由此就提出了另一个口号：既要对得起学生的今天，还要对得起学生的明天。对得起今天，就是说今天能让学生上好大学；对得起明天，就是说学生到大学里或者走上社会，还应该成为一个具有发展潜力的人，即身心健康的建设者、思想可靠的接班人。

办公平而有质量的教育

澎湃新闻：2018年7月2日，上海市教委发布了《关于实施百所公办初中强校工程的意见》，着力通过制度创新、政策支持和项目化实施，聚焦质量提升，把百所公办初中办成"家门口的好初中"，从而带动面上公办初中全面提升办学水平。曹杨二中教育集团在进一步提升义务教育优质均衡的水平，办让老百姓满意的公平而有质量的教育方面，有什么举措？

王洋：兴陇中学是我们曹杨二中教育集团的一所普通初中，是这次初中加强工程的实验校。根据市教委的安排和我个人申请，兴陇中学由曹杨二中托管，我本人要流动至兴陇中学。从这个意义上讲，兴陇中学和曹杨二中是一家了，我们把兴陇中学真正当成自己的学校。从2018年7月区教育局组织的第一次初中加强校研讨开始，我参加了市教委、区教育局组织的全部兴陇调研专题会，每周参与兴陇中学班子会、行政会、教工大会；组织曹杨二中学科带头人、特级教师到兴陇听课、指导区级教学评优。通过调研，结合区教育学院提供的专业数据，反复研讨，最后在教育局的指导下，曹杨二中、兴陇中学、教育学院共同确定课堂教学为学校工作关键，以"学生心中的好课"为抓手，以紧密型集团建设为依托，助推兴陇中学办学品质提升。

我们主要做了这三件事：

一是共同研究，确立"学生心中的好课"关键项目。

兴陇中学"融情优教、乐学求真"的办学理念对学校以往的发展起到过良好的引领作用，这是和初中学生情感发展规律相适应的。初中阶段是学生成长的青春期，是情感发展的剧烈波动期，也是学生两极分化的加速期。然而，由于公办初中不能选择学生，实行均衡编班后，班级内部学生差异巨大，导致教师在班级教学中难以兼顾到不同类型、不同水平的学生，往往是课堂育人和学习达成双低效，这是公办初中共同的痛点、难点。同时由于兴陇中学师资青黄不接、好课率低于区内平均水平，最后综合各种因素确定以"学生心中的好课"为关键项目，开展基于实证的课堂改进实践研究，提高育人科学性和实践效果，并在集团内以及全区内可复制推广。

二是共同攻关，率先突破关键学科。

以高中为龙头，成立集团加强初中办公室，以"专家引领、个性创建"为策略，在兴陇中学设立数学特级教师桂思铭区级基地，语文特级教师王伟娟老师和英语特级教师葛伟老师带领教育集团内老师开展初中学科专题研究与联合调研。

以绿色指标评价为基础，率先突破语数英关键学科。以低年级口头表达、高年级高阶思维为习得重点，开展语文深度阅读实验；试验引进蓝思英语评估系统；尝试初中数学 IMATH 教学试验，统筹兼顾其他学科试验。针对年级内拔尖、良好、合格学生进行分类大备课,提升"学生心中的好课"率,减少无效作业,力求形成"少教多学,以习为主、强化反思、负担不重、质量较高"的初中课堂教学模式。

三是共同开发,力争形成关键技术。

学生心中的好课,是强化从学生视角来研究课堂,充分发挥学生在课堂中学科认知建构的主体作用。同一节课,不同的学生有不同的感受。如何做到同一节课,每个学生都有体验,都有获得感,都有良好的感受?如何做到尊重每个学生的课堂表现?如何激励每个学生的学习动机?如何给每个学生提供思维发展空间?如何给学生留有不同的思考时间?如何对每个学生的学习表现给予实时反馈?如何对不同的思维关键障碍和堵点给予及时点拨和启发?这些问题是学生心中的好课必须要重点考虑的维度,也是实践难点。同一个班级内的"差异化"教与"个性化"学,需要数字化、移动云、数据分析等现代技术支撑才能得以实现。

澎湃新闻:上海启动了中考改革,如何借势新中考,促进加强校的新发展?

王洋:我们同样采取三个办法。第一,启动兴陇中学校本综合素质评价深化研究。提前拟定学校"名额分配综合评价录取"方案,模拟推演三年后兴陇中学中招基本面,充分利用政策红利,主动与曹杨二中的办学理念、特长项目、培养目标和人才标准对接,促进学校的特色发展。如对口朝春中心小学、兴陇中学在拔尖学生中开设意大利语课和曹杨二中进行对接。教育局要求我们曹杨二中名额分配向加强校适度倾斜,为初中加强校提升创设外部条件。

第二,把曹杨二中的同济大学"苗圃计划"向初中延伸,在兴陇中学率先开展"小苗圃计划"。2018年9月启动，依托同济教授，为七、八年级中感兴趣的学生开设科创课程：七年级为结构工程，八年级为3D建模课程。由曹杨二中科技总辅导员和科技高中的部分学生指导兴陇中学学生参与同济苗圃计划课题研究活动，收获颇丰，学生的研究能力得到提升，DI比赛科技成绩显著提高。

第三，开展三校（兴陇中学、曹杨二中附校、民办兰田中学）新课标新教材大调研。三校教师每周进行联合备课，由大备课组长组织和协调；三校教师每月开展一次大调研，由曹杨二中附校组织，三校教导处协同实施；三校大教研与学校的教学研讨活动配合实施，"兴陇杯"教学评优活动中诚邀二中、二中附校及兰田的教师一同听课、评课。

澎湃新闻：如何看待现在教育中遇到的挑战，有什么解决措施？

王洋：在集团化办学过程中，我走访过小学、中学，发现有一个现象特别值得关注。小学一、二年级音乐、体育、美术的分量应该是大幅度增加的，语、数、英的系数应该是大幅度减少，反过来的话会减弱孩子的创造力。创造力有几个关键因素：第一是好奇心，第二是想象力，第三是批判性思维，第四就是要有严密的逻辑体系。但我们现在不教学生逻辑了，我最近在研究儿童哲学，很有感触。我特别赞成"零起点"，用哲学思维，用音乐、体育、美术来增强孩子的好奇心、想象力以及身体运动机能的协调等。

公办学校尤其要解决课堂内两极分化的问题，这样实施公办初中强校工程，提供公平而有质量的教育才能有根基。

在微观领域推进中国基础教育改革
——对话建平中学校长赵国弟[*]

走近学校

上海市建平中学始建于1944年,前身为洋泾中学分校,为当地乡绅募善款筹建。后几经更迭,1954年始定名为上海市建平中学。1978年1月,经市教育局批准建平中学成为首批上海市重点中学。历经几代人努力,逐渐成为一所声播海外,饮誉沪上的著名学校。

2003年建平中学以全优的成绩成为首批上海市实验性示范性高中,2007年被评为首批国家汉语言文字规范示范学校,2008年被评为奥林匹克教育示范学校,2009年注册成为"上海市著名商标",2012年加入国际著名高中(WLSA)联盟。

学校一贯秉持"实现人的社会化与个性化和谐发展"的教育

---

[*] 赵国弟,上海市特级校长,上海市高级教师。上海市建平中学校长、建平教育集团理事长。兼任教育部中小学校长"国培计划"专家,上海市高中教育管理专业委员会副主任,上海市特级教师(校长)联谊会副秘书长,上海市"双名工程"中学校长培训基地副主持人,上海市学生心理健康教育学会中小学校长专业委员会理事。曾获"中国长三角最具影响力校长""上海市新长征突击手""浦东新区好干部"等荣誉。

建平中学校门

理念,积极探索"规范+选择,合格+特长"的办学模式,以"自立精神、共生意识、科学态度、人文情怀、领袖气质"作为学校的育人目标,努力实现"在微观领域推进中国基础教育改革"的远大理想。

建平中学目前与美、日、德、法、英以及瑞典、丹麦、芬兰等国家的数十所著名高中结为友好学校,与伊顿公学等同为国际著名高中(WLSA)联盟成员,已跻身国际名校行列。

对话赵国弟

2019年5月下旬,"一带一路"研学基地在上海市教育考试院揭牌,这是上海呼应"一带一路"及"长三角一体化"建设的重要举措。

建平中学从1996年起开始开展"长江行""西部行""南京行"等一系列社会考察活动,并以此建立了建平特色的研学课程,与国庆通宵狂欢活动、职业体验、4S课程等,一起成为建平

赵国弟校长

中学特色德育课程体系的一部分。

经过一段时间的发展,建平中学还与法国笛卡尔中学、美国温顿伍兹中学等海外高中开始举办了年度学生互访的活动。每年寒假,建平中学的学生会深入法国和美国的家庭,与当地学生一起生活和学习两周,感受当地的文化和教育,并且也作为文化亲善大使给当地学生传授中文课程。到次年4月底美国学生和法国学生会来到建平中学回访他们的伙伴,与建平的孩子同吃同住,一边考察现代中国,一边感受建平文化。

研学活动是学生成长的重要组成部分之一,所谓"读万卷书,行万里路"。每年建平学子去南京开展三天的社会考察实践,学生们在南京大屠杀遇难同胞纪念馆了解历史,在雨花台前缅怀为国捐躯的先烈,在夫子庙欣赏千年秦淮河的秀美,在中山陵感受革命先辈救亡图存的心情。通过研学活动,学生们不但游览了祖国的大好河山,更能体会这一片安静平和的来之不易,是一种非常有冲击力的德育教育过程。

目前,建平中学正在积极申请筹建面向"一带一路"国家学生的丝路学院。对于建平教育集团来说,吸引"一带一路"各国的青年来到中国,感受现代中国,了解中国文化,理解中国精神,体察中国社会,是促进"一带一路"国家青少年与中国青少

建平中学学生

年发展友谊的孵化器,为中国进一步开放发展、促进各国民心相通埋下了年轻的种子。

而在建平中学校长赵国弟看来,研学活动和获得上海市特等奖的"生涯规划"一样,是建平"合格+特长、规范+选择"这一办学理念支撑下的成果,也成就了一批又一批具有"社会化底色,个性化精彩"的建平人。

培养学生"心中有理想,心中有大爱"

澎湃新闻:生源是一所学校成长和发展的基础之一,学校招生时看重学生哪些品质?

赵国弟:基于建平中学"自立精神、共生意识、科学态度、人文情怀、领袖气质"的培养目标,我们在招生时看重孩子的下列品质:富有热情、为人真诚;身心健康、勤奋好学;能为家庭和社区做出自己力所能及的贡献;具有良好的学业基础和认知能力，具有独立思考的习惯和敢于实践的干劲。

澎湃新闻：高中三年要培养什么样的人？

赵国弟：通过三年的培养，围绕五大目标，使学生"心中有理想，有为之奋斗的毅力；心中有大爱，有为之奉献的情怀"。

这实际上有两层意思，即重点不是今天学习的成绩如何，重要的是愿意为社会、民族发展实现自己的价值。这一理想情怀明确了以后，素养品行具备了，实际上学习自然而然就跟进了，结果一定是好的。所以我一直对学生说，身体要健康，思想要端正，要有顽强的毅力，不断努力拼搏，当然还要勇于实践。劳动和实践，实际上是很重要的，是普适的。

澎湃新闻：什么是成长性思维，又如何培育？

赵国弟：培育成长性思维，即面对过去要善于忘记，面对失败要倒逼突破，面对挑战要勇于尝试。要培养人生规划与学习技能、实践与劳动技能、锻炼与调适技能。

我在和优秀学生交谈时，他们曾向我诉说了他们的困惑。在学校里，不是老师教什么就接受什么，而是要去索要，问老师这个事情该怎么做，我想做什么，你能提供我什么资源，这就是特别优秀的学生必须面临的问题，我们称之为成长性思维。成长性思维有三个要素，一是面对过去的成功，要善于去忘记它，不要老是躺在从前的功劳簿上；二是面对今天的失败，我们要勇于去突破它；三是面对未来的挑战，我们更要去迎接它，敢于去尝试、去冒险。如果学生们具有这种品质，未来的发展一定会越来越好。

目前我们的教育体系当中，高考改革指挥棒已经有所体现，但是我们课堂教学的改变实际上还不是很大。尽管从传统意义上来讲，我们现在老师的课上得真的很好，也很认真，但从新高考改革的需求以及与未来的结合上,还是有进一步改进的空间。

这是我走了那么多学校后最直观的感受。所以我们建平中学在这方面对于老师的要求比较高,每个月一定要有前沿性的教学研究,不能无限制地去占用学生时间,无限制地增加课堂教学量。一定要去研究课堂教学,这是一个大工程。

我们曾经请大学教授参与我们的教学活动。基于核心素养的导向,课程标准的制定,教材的编写,都不是难事,因为可以把专家集中在一起来讨论解决。最难的就是从标准教材迈向学生怎么认识问题这一过程的教学。全国的中学教师有1 800多万名,要让所有教师同步做到是很难的。我称之为落实课程标准,新课程标准核心素养的"最后一公里",就在教室。这是我认为的目前的一个难点,新高考改革的难点就在这里。

新高考改革的两大动因

澎湃新闻:如何看待新高考改革?

赵国弟:长期以来,高中的教育停留在知识技能、应试能力等方面,这与现在的高校录取制度是有关联的。这样的培养方式和评价标准在恢复高考的40多年来,对我们国家和民族经济的发展起了非常大的推动作用。

但今天我们国家GDP已经位列全球第二,在科技领域已经跟发达国家和地区处于并跑甚至领跑的阶段,如果我们的教育方式、培养方式还是跟随式,还是要求学生"跟着我学",对国家和经济社会的发展是不利的,这是中考高考改革的动因之一。

第二个动因,现在知识的生产量、创造量已经远远超过人学习的能力和范畴。根据英特尔(Intel)创始人之一戈登·摩尔(Gordon Moore)在1965年提出来的摩尔定律,集成电路芯片上所集成的电路的数目,每隔18个月就翻一番;人类的知识生产量同样如此,越来越多的人无法学习那么多层出不穷的知识。

教育部 2014 年印发的《关于全面深化课程改革落实立德树人根本任务的意见》中,首次提出"核心素养"概念。普通高中课程标准修订也将核心素养作为重要的育人目标。实际上人在成长的过程中,知识和学术教育等都是为了提高核心素养。只有具备了这样的核心素养,才能应对社会如此快的变化和如此多的知识的涌现,所以我觉得中考改革也好,高考改革也好,都是基于以上这两个很重要的原因。

高考改革要强调选择性,目的在于要能够触动学生自己想要学,而不是被动地学,触动学生知道要学什么,然后能够更主动地去学,也才能够更好地适应社会的发展。

社会上对此也确实有不同的声音,都是从技术层面发出的。我认为,改革不完善可以改,但改革的方向是对的。

京剧进校园

综合素质评价不能太功利

澎湃新闻：有观点认为，高考改革的亮点在综合素质评价，但难点也在综合素质评价，您怎么看待这一问题？

赵国弟：目前对综合素质评价的评价，最大的意义在它的教育性，而不是终极性的结果，不是为了考取某个大学才去进行综合素质评价，认清这一点是很关键的。

综合素质评价录取过程中，重视素质评价，不管怎么评，一定要规范，要真实。我当校长这么多年，从来不要求学生去盖什么章，盖不盖章，只是个形式而已。实际上我们所需要的是从教育性角度，需要真正去做过这件事，不是看做不做，要看能力有没有达到。所以我们建平的学生假期出去职业体验也好，社会考察也好，回来后，利用一段时间整理体会和收获，然后进行汇报交流，相互学习，从这里面已经看得出是真的还是假的，搞形式主义没有必要。所以对于综合素质评价，我的观点是，需要全面推开，以转变学校对学生成长过程的评估，一定是有意义的。从高考录取的角度，则一定是小范围的，不可能所有的学生都通过这种方式去录取。

通过这种方式促进高考改革，带动一批人进行变革，上海现在每年近3 000名学生参加综评、自招，已经能够推动一些优秀的高水平的高中进行整体的教育变革。如果综合素质评价评了就一定用，是非常功利的。评的目的对于中学而言，就是为了全方位地培养学生，至于只用了少数，不需要太纠结，正是少数带动了多数学校去做这件事，而取得的效果是非常有利于高中教育的。

澎湃新闻：大学自主招生加大了学生的体能测试，招生人数也是在缩减的，对高中有冲击吗？

赵国弟：这是高校在调整选择标准，看是不是有利于学生更好地成长。需要关注的是测试过程。100 米跑 12 秒的一定比跑 14 秒的身体素质好么？如果体能变成另外一种应试分数的话，对学生成长不一定有利。我们要塑造的是体育健康的理念，健康第一的理念，让学生学会几种体育锻炼的方式，养成体育锻炼的习惯，并不是跑得快、跑得远的身体才好。至于重视体能会有什么效果，需要我们拭目以待，看看大学到底如何评价学生的身体健康，怎么样把身体的素养和实际的身体能力与学习及学生将来的发展匹配起来，而不是单一地加 10 分或 30 分。

人工智能不会取代老师，但会促进教育回归育人本质

澎湃新闻：师资是一所学校品牌的保障，学校对于教师选拔有什么样的要求和培养举措？

赵国弟：建平中学随着 40 年改革开放的步伐而快速发展为一所国内外知名的高中，取决于教师队伍的建设与培养。目前拥有正高级教师 4 名，在岗特级教师 9 名，市级基地 5 个，区级基地 6 个。

建平中学形成了"崇尚一流、追求卓越"的教师文化，并贯穿于学校教师队伍建设中的各个环节。一是把好教师入门关，从教师的道德品行、学科素养、文化素养、教育素养、建平文化认同等方面全面考察；二是建立培养双导师制，主要是遴选学校优秀教师担任 1 年的伦理导师和 3—5 年的学科带教导师；三是创建"课改、教研、师训"三位一体、"项目导向，分层研修，聚焦课堂"的教师研修与发展模式；四是建立了"学校课程、周五课堂、教育沙龙、智慧课堂、基本功汇报"等学习平台；五是推出了学校"首席教师、学科带头人、骨干教师和青年新秀"四个层级的教师发展激励机制。

澎湃新闻：人工智能（AI）对教育带来了冲击，教师如果不能及时改变，会不会被淘汰？

赵国弟：我认为不会，对人工智能也不要过于夸大。目前人工智能在教育当中有一些应用，比如一些作业类的 APP 推送学习资源，也有一些教育科技公司推送的进阶练习，但是仅仅停留在学习知识这个层面。我相信在未来，知识学习是通过学生自己能够做到的。但是为什么要去学这个东西，这就是难点，即学习的动力问题。对动力问题人工智能是解决不了的，是需要我们老师去解决的。

另外，在培养人的过程当中，教师心中要有理想，并为之去奋斗，心中要有大爱，要有愿意奉献的情怀。而培养人才的过程和情怀是无法用计算机人工智能去替代的，更何况今天的人工智能在教育当中的能量还不是很大。所以我想教师更需要去反思自己，能够把比较浅层次的教育的内容方式转一部分到更深层次的育人上去。这才是教育的回归。

回顾教育的发展历程，中国古代的教育，实际上就是教育做人，比如 2 000 多年前孔子教的，就是如何做人，更多的属于道德范畴。人类进入工业社会以后，大量出现的都是技术层面的知识，人们忘记了我为什么要去学习这一问题。我认为人工智能到来以后，能够把教师从烦琐的重复性的脑力劳动中解放出来，能够抽出身来真正实现教育本质的问题，回到如何去教育人上来，我觉得这是一件好事。

课程国际融合，从终极性评估到过程性评价的转化

澎湃新闻：在课程的国际融合方面，建平中学有什么探索？

赵国弟：国际课程早在 2007 年左右就在国内学生中慢慢推开了。初衷是我们看到了国内课程体系的固化、不可变性，在教

学过程中过分强调终极性，入学时过分强调分数的现状，希望通过国际课程去探索他们课程的开放性、教学的评价过程性、高校在录取过程中看中的能力和知识需求，对于学生的考核如何兼顾学生与德行等。

十多年的时间推进下来，更加验证了我们建平所崇尚的办学理念：人的社会化与个性化和谐统一，以及我们的"合格加特长，规范加选择"的办学模式，它应该是符合学生发展的规律，符合社会所需要人才培养方式的。

国际课程也丰富了建平中学学生的学习内容，比如 AP 的物理、数学、生物学、财经等课程，我们都允许学生去选择。不仅国际课程班的学生可以学，普通高中班的学生也可以选。

国际课程在评估学生方面，对我们的借鉴作用非常大。特别是新高考改革，它把原来简单的终极性的评估，转化成过程性评价，促进学生全方位的行为习惯学习，以及同学之间的相处、对社会责任的教育等。

比如建平开设的职业体验，是获得上海市特等奖的教育成果，也是对国际课程的借鉴。此外还有升学指导或者称生涯指导，我们还是全国心理教育的示范校，这与国际课程也是有关联的。建平中学的一些外国学生是和国内学生一起随班就读的。

国际课程中国化，中国课程国际化，中西方的教育各有长处，英国引进我们的数学教材，还邀请建平西校等的上海老师去英国授课。现在我们全国上下都在提"四个自信"，其中文化自信是重要一环。建平中学在尝试做一个中国课程国际化的项目，这也是得益于我们建平中学国际教育和国内教育双向互动的探索。

非教育因素干扰多，零容错是教育的最大悲哀

澎湃新闻：教育焦虑的根源是什么？

赵国弟：今天的教育为什么会有那么多纠结？事实上我们目前的教育受到的非教育因素的影响和干预太大，比如来自家长的干预。部分家长作为一个成年人，不是从教育性思维出发的，而是从功利性角度出发，只关注眼前。从孩子培养的角度，要关注他的未来。我和家长沟通时，说过这几句话：读书根本不是家长的事，是孩子自己的事，也不是老师的事。老师的作用是去激发学生，启发学生读书，指导他们如何读好书。家长应该管什么？家长应该负责道德引领和道德规范，还有生活健康的保障，分工要清楚。

但现在分工是错位的，比如有一个老师上课，学生觉得听不懂，回去说了句：我今天听不懂，家长就来找学校。这种事如果任其蔓延的话，实际上大大损害了学生根本的利益，家长关注眼前获得的利益，实际上伤害了孩子未来长远的利益。除了家长，行政管理部门非教育因素的影响也存在，不按教育规律出牌，让学校很被动。

比如高考选科，我建议家长放给孩子去选，孩子不会选，会征求老师的意见，我们有办法指导孩子怎么选，家长完全可以超脱得多。现在家长的参与性越来越高，参与是对的，我们欢迎，但不要越位。

家校是一个共同体，没有你对我错之分，只是认识基础不同，认识的水平不同，造成了行为上的差异，这种差异通过对话是能解决的。前提是有一个共同的目标，就是要把学生给教育好。也许家长停留在只要自己孩子分数提高，得到"优"；而我们学校要做的是，不仅让所有孩子分数提高，所有孩子平等待遇，还要教孩子如何做人，这就是差异，差异当中就产生了矛盾。

澎湃新闻：有家长认为体制内的中学教育太苦太累，所以用脚投票,选择双语学校、国际学校甚至低龄留学,您对这一现象怎么看?

赵国弟: 我只能说,这种想法太天真。一个孩子如果要成为大家心目中的人才,或者说将来对社会和民族有贡献的话,不管哪个学校,只要肯付出,去努力,一定能够有所作为的。很多人跟我说,算了,国内读书太苦了,国外省力,实际上并非如此。这就是我们要更加坚定推动高考改革的一个重要原因,是为了让学生学得更有意义。减轻负担的最好方式,是要让学生觉得学习变得有意义,而不是简单的减量。

国外的顶级高中,他们学习的量与我们相比有过之而无不及。如果一个人没有这样一种担当,连这一点苦都吃不起,我认为是成不了才的。你可以看社会上那么多的优秀人才,如果对他的成长过程进行追溯的话,他的读书过程、工作过程,一定是很勤奋的。

家长有点急,也是有实际难点的,因为现在对学校的评价很单一,对于高中来说,评价标准就是高考升学的情况。我们要做的,就是把大学、中学教育和我们学生学习的能力与兴趣匹配起来,让学习有意义,这个路很长。

如果有的时候孩子犯错了,常用的方式就是狠狠地处分。为了成绩,从早到晚一直拼命干,采用大生产的方式,成绩是上去了,但是师生之间的关系,以及学校和家庭的关系,都乱了。

由于非教育因素的干扰,造成学校不按教育的规律来办,就会形成教育上的粗暴,即碰到问题时,总是说不该怎么样、不能怎么样。事实上一个学生在学校阶段的成长过程,在社会化过程中就是一个模糊地带。

没进学校的时候,他是混沌的,可能是没有是非观念的,但是毕业出校门以后,法律意识、是非观念都应该是非常强的,过程中一定是会摔跤的，一定是会犯错的，这个阶段是不可怕的。可怕的是孩子看上去一直很听话，却有两面性，人格分裂，到了社会上一旦有诱惑，就会出大事。我们容不得学生有一点犯错，这就是教育的最大悲哀。学校里面的学生犯错是很正常的，正像我们学走路，哪一个人学走路没摔过跤？没摔过跤的人是不会走路的，更不会跑步。今天我们有那么多的优秀孩子没有犯过错误，不是好事。当然这个错是有限度的，学校怕什么？零容错。

澎湃新闻：在非教育因素的干扰以及社会焦虑感越来越上升的情况之下，怎么样才能保持在育人方面的定力？

赵国弟：一是要树立教师的教育理想，把握教育规律，提升教育认识的深刻性，让普通教师和学校管理层一样，看到教育的方向是什么；二是要更多地做学生的工作，对学生进行引导和激励；三是做好家校的协同。不少家长是稀里糊涂地当家长，因为从来没人教过他们怎么做家长，而且这一代家长独生子女多，没有第二次机会，所以焦虑自然就出现了。如果家校共育的共同体当中，围绕学生成长的所有人，对教育的规律已经看清楚了，这种焦虑自然就减小了很多。

有多大的能力，就担任多大的岗位，也就是德位相配，幸福都是奋斗出来的。

手机管理，是合理引导学生增强自控力的手段

澎湃新闻：手机已经成为我们生活中不可分割的一部分，甚至有人说手机已经成为我们人的器官，建平中学的课堂对于手机是怎么管理的？

赵国弟：手机对于有些老师而言，已经是一个教学的终端，比如说通过投屏，可以当场检测学生回答问题的情况。再比如通

过手机进行检索，当场可以获得很多信息，手机在某些课程中，已经成为工具。

当然也有的课程是没必要用手机的，现在的问题是手机确实会让人陷入其中不能自拔，有的人是不自觉的。所以我们也有的老师会这样处理，告诉学生这节课不需要用手机，大家可以把手机放在教室前面的手机袋里面，如果这节课要用手机，就拿手机一起来用。也有家长有不同的意见，建议学校把手机全部收掉。我曾经说过：手机就是工具，就像一把菜刀也是工具，用来切菜是好的工具，但也可以用来犯罪。

一个孩子如果在手机面前无法控制自己，到社会后遇到更多的诱惑，他如何来规避呢？所以我们完全可以把手机作为培养学生自控力的一种工具，何必要把它当作毒品来处理呢？

师生"命运共同体"的个性培养与多元发展
——对话西南位育中学校长张建中*

走近学校

上海市西南位育中学创办于1993年，是上海市第一批公立转制试点中学，拥有三个校区和一个国际部、3 000余名师生，目前已成为上海市教育质量高、社会声誉突出的民办完全中学。

学校坚持"一个宗旨、两个关注、三个基础"的办学理念：以一切为了学生一生幸福着想、一切为了学生终生发展奠基为宗旨，关注每个教师的发展方向、关注每个学生的成长轨迹，为学生打好身心健康、终生学习、走向社会的基础。

学校打造"中华传统文化、多语种外语、科技创新、男篮女

---

* 张建中，上海市特级校长，上海市西南位育中学校长兼党委副书记。中学数学高级教师，徐汇区拔尖人才。曾获"上海市园丁"奖。中国民办教育协会理事、上海市高中教育管理专业委员会副秘书长、上海市民办教育中小学协会副会长。所撰论文《办好高水平民办高中的哲学思考》获中国民办中小学专业委员会一等奖，《学校文化三题》获当代教育论坛一等奖。主编的《激发成长自觉——"中和位育"引领的求索之路》一书，由上海教育出版社出版。

体现西南位育中学办学理念的"中和位育"石

排"四大特色项目和"社团活动、领袖群体培养、拓展性校本课程、月主题校园文化、探究性学习、第二外语、口才训练、社会实践"八大学生发展平台,聚焦创建"凝炼中和位育学校文化,激发每个学生成长自觉"的办学特色。

对话张建中

从教36年,担任校长14年,西南位育中学校长张建中一直难以忘怀20多年前自己曾教过的一个叫凡凡的男生。

那时,张建中还是数学任课老师,同时也是高一(1)班的班主任。一次,他发现凡凡的学生手册有点不对劲:数学成绩这一栏登记着63分,但明显有涂改过的痕迹。第二天他把凡凡请到了教研室,孩子的忐忑不安让他明白了几分,在他的循循善诱下,凡凡说出了涂改成绩的原因:是想改一下分数顺利获得父母的签名后再改回原成绩。凡凡认识到了自己的错误,而张建中也和凡凡约定:这将是两个男人之间永远的秘密。

从此以后,凡凡即使成绩亮起红灯,也未再涂改过手册。如今,这个倔强的男孩已成家立业,成为一名私企高管。

这件事对于张建中触动很大:"我觉得学校应是一个允许学生出错的地方,成长就是一个不断纠错扬长的积累过程。"

张建中校长

教会学生做人,比教会学生考试更重要,这成了张建中教书育人生涯中恪守的原则。于是,他重视学生的体育,学校有一条铁律:谁都不得挤占体育课时间,即使是初三、高三毕业班,体育课课时一节也不能少,活动量也不能打折扣。

他倡导教师的多元化发展与学生的多元化培养相结合,引得全国众多学校前来取经多元化教育。

他视氛围为生命,营造学校内部最具张力的软环境。坚持淡化学校内部竞争,编织坦诚相见、助人成功、学会分享的感情纽带,营造家庭式和谐温馨的人际关系,建立"忙着并快乐着,快乐并成长着"的良性情绪节奏。

如今的热词"精细化管理",其实在西南位育中学已实践多年,"细功夫、活办法、好心态"九字诀早已深入人心。

"不仅收获现在,更要着眼于未来。" 张建中把"四个读

张建中校长和阳光活力的学生们

懂"作为自己的办学格言：读懂教师、读懂学生、读懂家长、读懂社会。

学校要培养高素质的学生，而不只是高分的学生

澎湃新闻：西南位育中学的毕业生最常提起的，就是学校的体育课带给自己的正向激励，在家长和社会都重视升学率的当下，您如何坚守自己的初心？

张建中：我们是一所民办学校，生存发展需要一定的升学率保障，但绝不能被升学率牵着鼻子走，人的成长不能只看眼前这几年，终身的可持续发展才是最重要的。

学校要培养高素质的学生，而不只是高分的学生。当人的综合素质得到提高后，分数作为素质的一部分自然会水到渠成地提高。

我们坚守学生培养目标的"五个一"：一个打上民族底色和

具备国际视野的现代人、一个养成健身习惯和乐观自信的健康人、一个拥有高雅气质和诚信坚毅的文明人、一个善于交流合作和仁爱笃行的社会人、一个培育志趣乐学和质疑求索的智慧人。

我们想尽办法为孩子们创造动起来的环境,比如为了缓解学生课余打篮球篮架少的矛盾,我们充分利用每一寸场地,在全校13个篮球场上竖起了72个篮架;为了增加学生课外活动场所,将教学楼的每一个屋顶都充分利用,建成空中花园;把封闭的绿化花园改建成开放的园林,利用室内运动房的外墙,砌起了"攀岩墙";通过拆旧布新,又建起容纳两个网球场地的风雨操场。

我们希望在中学阶段,为学生打好身心健康的基础、终身学习的基础、走向社会的基础,一切为了学生的一生幸福着想。

分享一个小故事。有一个叫霏霏的女学生患有哮喘,别人参加体育活动她休息,别人春游她请假。时常的独处让她孤独,虽成绩不错,但寡见笑容。我想,这正应该是最爱笑的年龄,孩子难见笑容,那是心里有多愁。于是我和该女生的班主任商量,让孩子担任学生干部,让她在学业之余的社会工作中融入大家庭并健康成长。这一招果然有效,这个郁郁寡欢的女孩从班长做到校学生会主席,不仅保持着优秀的成绩,还充分锻炼了她的组织管理能力,哮喘病也逐渐好转。中考那年,女孩被保送市重点中学,但她毅然放弃,坚定选择西南位育——她热爱的母校。后来她迈进北京大学的校门,临走时,她悄悄对我说:"张校长,每天一小时的体育课是我最喜欢的课。"

霏霏的成长正契合并延伸了西南位育"让校园充满了阳光"的理念。我更欣慰的是,学生勇敢面对每一次挫败,也敞开心扉吸纳每一缕阳光。

努力减轻学生过重学业负担,关注时间和精力消耗的有效性,真正实现高效率,这是优质教育的核心指标,其难度当然数倍于高质量本身,但我们会坚持走下去。

学生对学校黏性强的秘诀

澎湃新闻: 西南位育是一所七年学制的民办完中,据说贵校有一项令人称奇的数据,就是学校大部分初中生自愿选择继续在本校高中学习,自愿率高达90%,而最终能留在高中继续学习的本校初中生也能达到50%。是什么让学生对学校产生了如此高的忠诚度和认同感?

张建中: 我们对于初高中联动一体化的研究和考量已持续多年,完中最大的优势在于能够对学生成长的七年进行通盘考量,学生把心智成长最迅速、最宝贵的七年交给了学校,学校有责任在这七年中对学生有一个科学的成长路径指引。

青少年在成长过程中,人格的形成和培养,以及创新思维和创新能力的培养,需要有一个一以贯之的过程。初高中的一脉相承、联络贯通,让学生经历一个长达七年的课题研究周期,许多同学将自己在初中就感兴趣的微型课题逐渐深化和发展,在高中更进一步深入研究,相关能力也得到了螺旋式的上升。

我校有一位叫陶泽成的学生,初中时就表现出对于政治类问题的兴趣,自己完成过一个比较简单的关于书报亭的课题论文。当他进入西南位育的高中之后,又重拾了这个课题,在"主题教学活动"的课程教师的指导下,他对创意、研究方法和文字都进行了升级,最终在上海市科创大赛中获得课题二等奖、创意一等奖。

学校逐步完善初高中衔接与联动的工作网络,让学生真切地感受到完中的特点与优势。同时,充分发挥高中学生在校园里的引领、示范作用,加强初高中学生的对口互动交流。学校还冲破升学率带来的心理压力,在初三年级压缩复习课时,节省下时间,将高中的课程适当渗透,让优秀和资深的高中教师开设初高中的衔接拓展课,比如第二外语和实践类课程,以此作为学生进入高中的铺垫。

中华传统文化熏陶课程也纵向覆盖七个年级,根据每个年龄段学生的心理特点、阅历和知识基础精心进行甄别和筛选,有针对性地设计课程。中华传统文化熏陶课程充分利用班会课、语文课、政治课等时间,设计了"弘扬中华传统文化,培育时代新人"为主题的七个年级系列活动和讲座;近年,又以"仁、义、礼、智、信"五常之道为纲,按照学生心智发展的年龄梯度为序,撰写了《五常新说》校本教材;同时,编印了《古文选编》初中部分、高中部分两册教材,作为课程重要的校本教材。

七年阶梯式递进的中华传统文化熏陶,其潜移默化、日积月累的效能是非常显著的。毕业生曾志玮同学的评价很有代表性,他说:"七年里我获益最大的是母校以年级为单元开展的一系列传统美德教育主题活动,在我们逐渐走向成熟的日子里,传统美德教育一直伴随着我们,就如一盏明灯,指引着我们走向光明之路。"

"人人都是德育工作者,个个都是心理按摩师"

澎湃新闻: 灵动的课堂需要有灵性的老师,学校如何吸引优秀师资,又如何能让老师按照您设计的目标去正确执行而不跑偏呢?

张建中: 我提倡教师要"一专多能",不仅要精通自己的专业课,还要有特长能多开选修课、校本课,让每个教师不断释放潜能,从而建立起西南位育的人才高地。打造一支与上海一流、中国民办一流匹配的师资是我一直在努力追求的目标。

师资队伍建设要形成人才梯队,确保持续发展。人才战略的精髓是把人用好、用活。不求全责备，学会知人善任，搞好组合搭配。坚持要求中层干部认真读书学习，形成每周行政会上交流互动、相互促进的学习机制，不断凝聚骨干，提高管理者的整体素质。

推进新老教师互动，充分发挥老教师的引领与示范作用，形成赤诚相助、甘当人梯的氛围。青年教师决定未来，要有效挖掘青年教师的活力与潜能。采取"暑假岗前培训""备课组全面带教""教研组与学校两级校本培训""随堂听课与展示竞赛结合""学习基本功与学会做人并举""老教师辅导与引进专家指导互补"等措施，谋求眼前与长远、使用与培养、扶持与压担之间最佳结合点。这两年，有多位青年教师在教学大赛中获奖。

"人人都是德育工作者，个个都是心理按摩师"，在西南位育，这句话是全校教师对自己的要求和定位。人人都当心理健康教育的工作者，同时又是心理健康教育的受益者。走进学校，能感受到这所学校师生之间特别和谐，老师们不是俯视而是平视学生。为了学生一生的发展与幸福而倾心倾力的特写镜头常常涌现在课间、办公室、中午休息时。尤其在两个毕业年级，师生的心理距离是那么近，老师是严师，更是益友。学业上的交流点拨、不经意的心理按摩，说不完、道不尽的师生情谊，为"激发成长自觉"建立了一个强大的情感磁场。

学生的学业压力不大，因为每位教师都抓得适度，他们每天都会对每门学科的作业量进行平衡；教师们也不急功近利，不会只为搞好自己学科而强行挤占别科的时间，因为学校从不表扬个别老师，常常是对一个团队进行肯定。一个班级、一个年级学生的成长，一定是全体教师合力作用的结果。

重视团队的力量，正是西南位育"中和"智慧的体现。学校特别注重"两长"队伍的建设，用心打造过硬的年级组长、教研组长队伍，同时狠抓"三组"建设，精心抓细抓活年级组、教研组、备课组。如果有人掉队，年级组长和教研组长首先就帮助教师分析问题调整策略，同事之间更是不分彼此，热情相助。

教师们说："在西南位育工作累，但心并不觉得累"，"在西南位育，压力主要来自自己，忙是忙却很开心"。在某种程度上，西南位育浸润人文的管理模式、和谐的干群关系、温馨的群体氛围，成为众多教师在一线倾心工作、顽强爬坡中消除疲劳、减轻压力的一剂滋补良药。

一所学校的运行，之所以能保持这种健康的生态，与制度的建设和文化的养成息息相关。外显的是制度，内在的是文化，以"中和位育"为内核的学校文化内涵非常丰富，其中就包含着新型的师生关系、温馨的校园氛围。

事实证明，这种充满人文气息的管理模式是非常有效的，全校从上到下千方百计让一线教师尽力舒缓心理压力，出现问题绝不轻易责怪批评而是由领导主动承担责任。班与班之间学科分数上的差异也不比较、不奖惩，毕业年级与基础年级在分配上保持相对合理均衡，培养二线人员对一线教师强烈的服务意识。这些看似互不相关、实则浑然一体的有效举措，只为把学校打造成一个名副其实的"命运共同体"。

"命运共同体"的形成是一个人心凝聚的过程，绝不是靠口号和号召就能成事的，重要的是，用眼见为实的无声行动加以实践才具有真正的力量。我们不要用权力去指挥，而要用思想去统领；不是消极地用制度去约束，而是积极地用学校文化去凝聚；不是简单地用时间去拼体力，而是精心用理念凸显效率。

学区化办学推进优质均衡

澎湃新闻：独乐乐不如众乐乐，学区化办学是上海教育综合改革的重要举措，西南位育在承担学区化核心校的重任方面取得了哪些成果，又面临什么挑战？

张建中：饮水不忘挖井人，26年前我们初创学校时，关键的生源问题得到了田林街道的支持，西南位育有了第一批生源——来自田林街道的孩子。居民的信任，街道的支持，为西南位育的起步提供了莫大的动力。

学校想要健康成长，良好的氛围建设是重点，田林街道守卫校园周边安全，保障学校周边环境的干净与安静，予我们一方净土与平安。

在学校资源有限的情况下，也是田林街道架起了学校和企业联动的桥梁，引入上海市环境科学院、上海市社科院、上海核工程研究设计院等大院大所，实现校企结对，推动学生科创素养的培育。

所以在学区化办学中，作为田林虹梅学区的主任单位，我们依托"德润田林"品牌项目谋求中小学德育一体化。"德润田林"正是源于学校与田林街道合作的德育项目，实现学区与街道的共生、共荣。"德润田林"借力社会教育基地、街道社会发展科、社区学校，把社区教育、社会教育与学校教育有机结合，形成多行业、多门类、多层次、综合性的覆盖学区内全体学生的中华优秀传统文化实践基地网络，形成"社会处处是学校，学生处处受熏陶"的局面。

学校26年的发展，从初创、爬坡、跨越到腾飞，离不开街道的全方位支持，因此我们在田林地区探索学科研训集团化运作的新模式，把西南位育组织教学的成功经验毫无保留地示范辐射到公办初中，提高集团学校教师的教学水平，为区域教育的优质均衡发展作出自己力所能及的贡献。学校如今又有了新动作，参与到徐汇区公办初中强校工程中，我们的党委书记、也是特级校长金琪作为派驻校长支援实验校田林二中的发展。西南位育与田林二中之间实现了连接、集成并形成协同效应,在人才培养、教学研究、教师研训、课程活动等关键环节上实现协同与贯通,把强校工程作为民办联动公办、高中联动初中、促进各学校共同发展的良好契机。

国际部与本部"共命运、同奋斗"

澎湃新闻:西南位育在培养国际化人才方面有什么探索,又是如何推进国际课程本土化实施的?

张建中:我校于2006年成立国际部,开始了国际教育的探索和实践。国内部是从6年级到12年级的完全中学建制,国际部是10年级到12年级的三年制高中。

2013年起开设美国高中课程和AP课程,为有意向出国深造的初中毕业生提供优质的融合中西方先进教育思想的教育资源。培养学生具备人文底蕴、科学精神、学会学习、健康生活、责任担当、实践创新的核心素养。2014年获上海市教委批准,成为上海市国际课程试点学校,同年获美国大学理事会批准,成为AP课程教学学校。正式录取的学生可注册美国高中和上海市高中双学籍:学生获得规定学分将获得美国高中毕业证书,学生通过上海市四门会考(语文、政治、历史、地理)可获得上海市高中毕业证书(国际课程)。

《中庸》云:"喜怒哀乐之未发,谓之中。发而皆中节,谓之和。中也者,天下之大本也。和也者,天下之达道也。致中和,天地位焉,万物育焉。"这也是我们的校名来源和重要的办学理念——"中和位育"。学校希望每一个西南位育的师生不偏激不极端,摆正方方面面的位置,努力创设顺畅生长发育的环境,实现美好的梦想。在国际部培植与本部"共命运、同奋斗"的情感,高扬"求索攀登、向上向善"的激情。

  我想对西南位育的毕业生们说,无论未来怎么变化,你们始终是母校最深的牵挂!多年以后,你们已行过许多的桥,看过许多的云,愿你们心中一直有一个温暖的西南位育!

培养"中国心、世界眼"的追梦人
——对话上海世外教育集团总裁徐俭、世外中学校长厉笑影*

走近学校

"世外教育"是以上海世界外国语中、小学为代表的著名民办教育品牌,学校在学制上已全面覆盖幼儿园至高中学段,办学所在区域已辐射上海、浙江、安徽等地区。其中上海地区的"世外系"主要有:上海市世界外国语小学、上海市世界外国语中学、上海青浦区世界外国语学校、上海金山区世界外国语学校、上海嘉定区世界外国语学校、上海宝山区世界外国语学校。

上海市世界外国语小学创办于1993年,是由上海市徐汇区

---

* 徐俭,均瑶集团副总裁,上海世外教育集团总裁,宁波世界外国语学校校长,青浦世界外国语学校校长。2004年到2013年,在世外中学当了近10年的校长。离开世外中学校长岗位到徐汇区教育局任副局长两年后,再次回到世外,担任世外教育集团的总裁。世外中学的目标是"培养走向世界的现代中国人",世外教育集团的理念依然如此。做了25年的教师,其中16年担任校长。
厉笑影,上海市特级校长、中学数学高级教师、上海市世界外国语中学校长,徐汇区政协委员、徐汇区学科带头人、徐汇区教育系统校长高级研修班和上海市名校长后备基地成员。曾获徐汇区园丁奖、骏马奖。

世外中学校园

政府与社会各界共同创办的一所公立转制学校。2005年学校转为民办学校,实行董事会领导下的校长负责制,是上海市事业类社会公益一类文明单位。2013年受徐汇区教育局委托还承办了公办康健外国语实验小学。

上海世界外国语中学是一所民办完全中学,建于1996年,2005年起,成为均瑶集团旗下一员。学校以"积极参与,努力实践"为核心办学理念,以"培养走向世界的现代中国人"为办学目标,积极探索实践素质教育,旨在培养具有"爱心、优雅、大气"品质的学生。学校分别于2006年和2009年获得国际文凭组织(IB)MYP(中学项目)和DP(大学预科项目)的正式授权,也是联合国教科文组织教师教席联席学校,并于2013年获得初中、高中学历教育办学资质。

上海青浦世界外国语学校是一所准16年一贯制的学校,包括幼儿园(4年)、小学(5年)、初中(4年)、高中(3年)。学校目标是着力培养"有梦想，能坚持，对社会有贡献的中国人和世界公民"。

上海金山区世界外国语学校是一所准 15 年一贯制民办学校，学校 2017 年建成并投入使用，位于金山新城核心地段。学校目标是培养走向世界的现代中国人，让世外学生具有"中国心·世界眼"，用中外融合的优质课程培养中国学生，为未来中国培养精英。

上海嘉定世界外国语学校是一所民办 9 年一贯制学校，新校舍计划用地 50 亩，建于嘉定区南翔镇嘉好路、惠桂路交界处，新校舍将于 2019 年投入使用。

上海宝山世界外国语学校地处宝山顾村，是一所 12 年全日制学校。2019 年首届招生。

对话徐俭、厉笑影

每年的招生季，"世外"都是一块让家长们趋之若鹜的金字招牌。

"世外"是上海第一家从小学到高中十二年全系列引进 IB 课程的民办学校。有数据显示，世外中学 IB 的总体成绩位列全国前三。

从已开学的青浦世外、金山世外、嘉定世外，到 2019 年新开学的宝山世外、筹备中的奉贤世外，"世外"所到之处，都出现了"一位难求"的现象。

徐俭认为，民办教育应该做到"人有我优，人优我精"，成为公办教育的"补位"，更应该成为教育改革的生力军、先锋队。对于"世外系"的快速扩张之路，社会上对"世外"能否复制争议声不断，徐俭则从容地说："我们要充分认识到教育复制

徐俭总裁

厉笑影校长

的艰难性,但也不要轻易下结论,认为教育不可复制。事实上世外也没准备完全复制,而是根据不同的情况进行继承与发展。"

名校可以复制么?"不会做出两所一模一样的学校"

澎湃新闻: 世外教育集团在全国开办了很多学校,"世外系"的新学校一所所落地开花,不少家长最关心它们是不是与徐汇世外"原汁原味",是否能成为徐汇世外的"限量复刻版",您觉得好的学校可以复制么?

徐俭: 我不太喜欢用"复制"这个词,所有世外系学校共享一致的办学理念、课程标准、师资要求等,但我并不认为可以做出两所一模一样的学校。每一所"新世外",都应是在徐汇世外20余年办学经验基础上打造的"升级版"和"2.0版"。

20多年以前我们在上海徐汇区办了世界外国语中学、世界外国语小学,六年以前我们去杭州办了世界外国语学校,有小学、中学,这几年我们在上海的青浦、宝山、嘉定、金山以及宁波、温州、合肥等地都办了世界外国语学校。

从办学的目标来看,我们所有的学校有三个必须要继承特点:全面发展、外语特色、国际融合。我们没必要也不可能复制出一所一模一样的学校来,在徐汇成功的学校到金山不一定成功,因为家长的需求不完全一样,必须保证适应当地。

一个优质的学校,办学理念一定是先进的,并且是与时俱进的;课程体系完整,具有一定的特色性。通过发展平台招募更加优秀的人才,但招募来的五湖四海的优秀人才"在一桌上吃饭"不太容易,我们希望我们的教师能有执行力和研究力。

教育不仅仅是职业,教育还是艺术,艺术的本源在于创新。教师在规范的基础上,应不断根据自己的理解,通过不断地创造来体现出教育的艺术性,这样的教师才是优秀的。

20年前办世界外国语学校的时候有当时的想法,当时的外语教育只是解决聋子英语和哑巴英语的问题,我们在青浦办世界外国语学校的时候已经发生了转变,更关注课程和管理的问题,这就有新突破。在母体中的世界外国语学校,随着发展阶段的不同,第一个十年把境内部做得非常好,第二个五年、第三个五年,在2011年到2015年我们又把双语部打造出来,第三个五年我们把国际课程做得不错,我们到新的学校是不是要照抄、照搬这三个部分?我们在新的学校,比如在杭州只复制了两个部分——双语课程和国际课程,宁波和青浦世外的双语和国际课程再次融合,我们觉得这才是优质学校的发展方向:每次复制都是一次新改革,都是一次新突破,都是为了攀登更高的高峰。

"新世外"的升级最直观的体现就是硬件。比如在青浦世

青浦世外校门

外，科创中心、机器人天地、设计空间、艺文天空、美食工场、游泳中心和各类专用教室等一应俱全，用家长的话说，这叫"高大上"，而在专业人士口中，这叫"与课程高度契合的国际化教学环境"。

"新世外"课程的另一大特点，则是强调社区与学校的关系，通俗来讲，也就是把地域特色当作学校教育的独特资源。

比如，青浦世外离首届"进博会"主会场国家会展中心步行可达，这就是青浦世外的优势，从幼儿园、小学到初中，从建筑、艺术到会展业，都有大量的内容可以教、可以学。坐落于金山新城、距离海岸线仅 5 公里的金山世外，则围绕"大海"做文章，开发出一整套的主题课程。每一所"新世外"，除了"世外"品牌的共性，还有自己的个性。

澎湃新闻：大家都觉得世外这几年的扩张速度有点快，您怎么看？

徐俭：我一般控制在四年开设一所新校，就像存钱一样，希望每个月有定期利率的利息可以拿，又不希望存活期。很简单，把钱分为 12 份，每一个月存一年定期，第二年每个月都有一份利息。我是一个一个排好的。

我们有一支评估队评估校舍建设的标准和招生等各方面，集团有统一的标准化模式。

我们希望好品牌不通过复制稀释，而是通过不断地复制在原有的基础上不断攀登与进步。希望国家和地方政府能够出台更多的政策组合拳，规范学校的发展。

澎湃新闻：新建的"世外系"有一个共同特点，均为跨学段学校，比如青浦世外是 16 年制、金山世外是 15 年制，都是从幼儿园到高中，宝山世外是12年制，从小学到高中。一贯制背后，有什么优势，又有什么挑战？

徐俭：我把"新世外"称为"准一贯制学校"：不同于100%升入上一级学段的一贯制学校，但同一所学校的小学部、中学部绝对不同于两所学校。用校方招生问答中的完整答案，就是由于课程设置的独特性及课程与办学理念的匹配性，青浦世外的学生小学毕业时各学科达到标准即可直升到青浦世外的初中部，继续进行中学课程的学习。

这样的机制设计，让孩子用一定的时间准备升学的事情，但留出更多的空间做全面发展的事情，可以更加幸福、自主地学习。学习中不可能没有考试的压力，但不能给孩子们压上过重的负担。

集团化办学的优势与挑战

澎湃新闻：集团化办学有什么优势，世外的集团化遇到了什么挑战？

徐俭：同一品牌学校或者不同品牌学校，按照一定的行政主导方式，在同一区域或者不同区域组建的办学联合体，称为集团化办学。可见集团化有两种情况，一种是同一品牌，另一种是不同品牌。事实上不同品牌的学校，严格按行政命令式的集团化，目前为止没有一种获得成功。所以可以把集团化办学定义为在同一品牌下，或具有相同、较高相似度的不同品牌学校的联合体。如果产品没有相似度，集团化很难相互借力。

世外集团化办学的特点有五个：分享办学理念、借鉴管理模式、组合课程资源、共建优质队伍、1+X的办学模式。1+X模式，1是1个区域以1所民办学校为主，再加上几所理念相近或政府要求协助的学校，成为一个小集团。

一个学校落地需要提前三年制定办学计划,在整个过程当中需要有一个适应的过程。关于学校的关键队伍,第一是校长,第二是后勤,第三是教师队伍。

世外是一个开放的教育集团,与企业、政府及其他的民办学校之间有着各种各样的合作模式,不同的合作模式采用不同的办学方案,要因地制宜,不能千篇一律,但这也增加了集团化的难度。

世外教育集团成立教育服务公司承担除了打造学校内涵以外的所有后勤工作,世外教育集团的校长们不再需要考虑校舍怎么造,家具怎么配。集团化模式是可以复制的,后勤服务是按照标准化模式操作的,校长和老师们更多考虑学校内涵。

世外教育集团每年进行集团校级干部培训,增加对世外教育理念的认同,并开展世外学校办学经验与办学机制的交流,组织理论学习与校际访问。

世外教师评价体系有27级,教师空间不断有所扩展。在实施过程当中,把教师成长与学校成长很好地融合在一起。

我们还以世外教育集团的名义寻求多方资源整合,例如与海外机构、线上教育的合作。世外教育集团坚持开放办学,这也是世外教育开办至今,依然保持相对稳步优质发展的原因。

"世外系"青睐什么样的孩子?眼里要有光!

澎湃新闻:能否从专业人士的角度谈一下择校的标准,对家长有什么提醒?

徐俭:龙应台说过一句话我很认同:"孩子,我要求你读书用功,不是因为我要你跟别人比成绩,而是因为,我希望你将来会拥有选择的权利,选择有意义、有时间的工作,而不是被迫谋生。"

在择校的过程中，需要强调孩子的个性，看一看学校环境怎么样，以及老师的稳定性。

有一些家长会将学校距离家的路途远近作为考量依据，我认为对于高中生来说，路途的差异并不是选择学校的重要标准，不像是幼儿园、小学需要是在家门口的学校。

澎湃新闻：招生时如何看出孩子是培训过的？世界外国语小学和世界外国语中学是上海较早开展双语教育的民办学校，它们在招生面谈过程中有什么独到之处？现在社会上的不少培训机构标榜能针对世外的面谈给出所谓"真题"辅导，您觉得面谈前的刷题有用吗？

徐俭：我们并没有对各个年龄段的英语水平、数学水平、语文水平有要求，最希望的学生状态是自然，不希望有太多的人工的痕迹。请各位家长记住，任何人24小时都是恒定的。我们可能会观察孩子五六个方面，如果为了一两个方面去刷题，那一定会坐上"跷跷板"。

澎湃新闻："世外系"青睐的孩子有什么共性？

徐俭：首先成绩是硬指标。学生在小学、初中时的优良成绩，是世外不会忽视的一项。其次学习态度要好。这里讲的"态度"，是指学生要有勤奋、刻苦的精神，对学习要有自觉性。同时，也应该是一个守规矩的学生。最后，做作业效率高。这点是不少家长没有留意到的，如果你的孩子做作业效率不高，同样的作业别人很快做完了，你的孩子却要做到很晚，那这样的话，学生会很难适应世外的学习进度。

希望选择世外的孩子，是学业扎实的孩子。学校为选择世外的孩子提供本土化教育之余，更多地融合国际领先元素，努力培养学生成为合格的国际化人才。

澎湃新闻：5月18日、19日是2019年上海市义务教育阶段民办中小学招生面谈时间。我们看了世界外国语中学的面谈现场，还是很注重考查学生的综合素质的，作为世外中学的负责人，厉校长您青睐什么样的孩子？

厉笑影：我青睐"眼里有光"的孩子。今年我们对面谈的内容与评价做了精心安排，紧密契合学校育人理念，着重考查学生的综合素质，关注学生的全面健康发展。面谈主要分为四个模块：人文体验、语言交际、思维探索、科学探究。

人文体验、语言交际模块主要通过师生之间、生生之间分享阅读体验，观察学生的记忆力、专注力、理解力、感悟力和学生的语言鉴赏力，鼓励学生通过交流分享，丰富自身对于现实生活和文化形象的感受和理解，准确生动表达自己的内心世界，充分展现其语言能力，也有助于学校更好地了解学生的心理表现、个性特征。

思维探索、科学探究模块主要通过学生互动探究、动手实践、合作交流，考查学生抽象能力、推理能力，考查学生思维的深刻性、灵活性、独创性。学校通过学生在多元模块中的表现，考查学生的个性特征、学习习惯、团队合作、沟通能力、分析与创造力、适应与探索力等。

澎湃新闻：国际课程的选择有什么标准？

徐俭：课程类别并不能决定学生以后是否能考上好学校。在上海国际课程还是非常多的，例如IB课程、A-level课程、AP课程、澳大利亚高中课程、加拿大高中课程、新加坡课程等，也有少数的日本课程、韩国课程。孩子现在怎么样、将来想怎么样，

青浦世外机器人教室

对于选择十分重要。每个学校都会说自己学校的学生有升入一流大学的机会,实际上课程对于是否能升入一流大学的影响并不是很大,能否升入一流大学的核心不在于选择什么样的课程,更多的在于学习过程中学得怎样。

给学生最优的"教育配方"

澎湃新闻:您认为未来教育的趋势是什么?

徐俭:我认为未来教育的趋势就是"中外融合"。应该加强对中式教育的重视,中式教育扎实,能给学生打下一个好基础。中式教育的知识传授过程,西方教育的能力培养过程都值得借鉴。

"中外融合"在教学内容、教学方法、教育评价、教育改革策略上都达到了一种融合,使得学生的国际视野更加开阔,从而成就更好的教育。

什么是更好的教育?教育内容与时俱进,教育方法体现以人为本，教育评价客观全面，教育改进策略科学有效。一所中外融合的学校，就是在内容、方法、评价、策略等方面在全世界范围取长补短，给学生最优的"教育配方"。

澎湃新闻：世外的课程设计如何做到培养出"高分高能"的学生？

徐俭：中国有一句古话叫"读万卷书、行万里路"。这是我倡导的学习方式：只读书，不行路，是"纸上谈兵"；如果只行路，不刻苦读书，也会头脑空空。

世外的课程设置，提倡这三大原则：基础课程保中考、拓展课程阔视野、探究课程育能力。三者之间，形成层层递进的关系：夯实基础之后，才能走更远；当一个人视野扩大之后，才能进一步发现问题；并在解决问题及社会实践的过程中，培养出能力。

基础知识学习与综合能力、实践能力培养不是矛盾的，而是

青浦世外书法教室

相辅相成的。希望培养具有"爱心、优雅、大气"品质的学生，让学生成为拥有"中国心、世界眼"的世外追梦人。

澎湃新闻：世外的口号是"为未来中国培养精英"，精英的特征是什么？

徐俭：精英的特征是：除了知识、能力之外，还需要有正确的价值观，具备独立思考的能力，向善、助人，致力于让世界变得更美好。

教育是先做人，后读书。学会做人，做好人最重要。孩子只有有爱心，才会自爱，爱小家，爱大家，具有爱心才会有责任感，有了责任感才会愿意去奉献。所以在培养社会责任感的过程中，怎样去让孩子做一个有爱心的人是我们最大的落脚点。同时自爱也非常重要，每个孩子都值得珍惜，爱自己才会爱家人。

我认为社会责任感不是简单的捐赠，不是简单的施舍，更多的是一种发自内心去共同创造一个更和谐、更美好的社会的愿望。这是我们提倡社会责任和全球公民意识的时候，最基本的理念。

以人工智能（AI）技术为核心的科技应用无疑将对经济社会的未来发展产生多层面的深远影响。在变革产业格局的同时也将改变对未来人才的需求，并带来就业挑战。立足培养孩子适应未来的多维度成长能力，特别是发展与AI互补的软实力，将有助于下一代把握机遇并应对挑战。

澎湃新闻：在家庭教育中，如何培养孩子的自我认知？

徐俭：我建议采用三步走战略：

第一步："兴趣广泛"，幼儿园到小学低年级阶段应该让孩子尝试各种各样的爱好，让他逐步体会他想要做什么。

第二步:"兴趣持久",从小学高年级到初中,在这个阶段让孩子选择自身感兴趣的爱好并坚持下去。

第三步:"兴趣专注",在高中阶段尝试将兴趣爱好的水平上升到半职业或者职业的高度,真正让爱好成为孩子的特长。

托管,协助办好"家门口的优质教育"

澎湃新闻:我们看到世外还托管了一些公办学校,这样做的原因是什么?

徐俭:托管,是为了满足社会需求,将优质教育资源进行辐射的一种举措。均瑶集团董事长王均金一直把"教育为社会奉献价值,尤其是提升公办教育"作为世外教育的一种社会责任。2013年,我们首先在徐汇区教育局的支持下托管了两所公办学校:康健外国语实验中学及小学。托管下来效果很好,这增强了我们的信心。此后,我们又先后托管了上海临港实验中学和同凯中学,效果都很好。同凯中学是2015年金山区政府建立的新校,在师资队伍、课程开发和学校管理等方面与上海世外中学保持"同管理、同特色、同资源、同培训"的办学模式。

世外教育集团2018年"打包"托管包括浦航二中、浦江二中、浦江三中在内的浦江镇所有公办初中,这与此前"集团化办学"单一与一个学校对接的模式有所不同,"打包"托管可以统筹区域内教育资源、统一教学水平和进度。这样的办学方式,既可以让当地居民享受更好的教育教学资源,又不用支付高昂的民办学校学费,是做大做强公办学校的一种新思路。培训只是开端,接下来还会把课件资源、外教交流、校内活动等多种形式引入共享。

2019年以世外宝山校、顾村实验学校、大华新城学校、中环实验小学等为核心成员组成的世外宝山教育集团,共同探索集团化办学模式,推动基础教育优质资源共建共享,使顾村不仅成为产城融合的高地，也要成为基础教育的高地。

教育梦：一辈子只做一件事，培养中国基础教育的未来精英

澎湃新闻： 说说您的教育梦想。

徐俭： 我的愿望是一辈子从事教育工作，不会再有任何的改变。而且是从事基础教育，如果讲得具体一点，是从事培养中国人的教育；再具体一点，是培养中国精英的教育。我总是这样想，如果真的能为培养中国精英的一代做点基础工作，能有一点收获，就已经相当不错了。

2008年，我在世外恢复了高中。我想，接下来会办一些世外的大学实验室，做一些类似但又不同于大学先修课的尝试，让中学生可以体验一下高等教育。

世外的教育，既重视基础知识，又注重综合能力的养成。"世外"这个品牌，已和"精英教育""中外融合"等教育理念紧密相连。

我的目标是，把世外的资源辐射出去，走出上海，走向全国，走向世界。

中西融合教育与求变创新
——对话上海协和双语高级中学校长陈杰妮*

走近学校

协和教育坚持集团化办学的发展战略,自1993年开创以来,一直秉承"中西融合"为宗旨,以学生为本的教育理念,坚持科研先导的发展策略,坚持中、小、幼十五年贯通的发展模式,为学生提供自幼儿园到高中一贯制教育体系,并全面贯彻及实施全人教育计划,致力于少年儿童的心智与体魄的全面、和谐、持续发展。

1993年9月,协和运用市场机制开办了第一家民办学前机构——天地幼儿园。1996年2月1日,设立浦东新区幼儿教育集团,由此协和教育集团化办学有了发端。2003年,协和双语学校创办,明确提出"中外文化融合"的理念,形成自己独特的办学模式和路径。截至2018年,协和教育旗下包括幼儿园(海富幼

---

* 陈杰妮,上海协和双语高级中学校长,华东师范大学教育系教育学学士,英国诺丁汉大学教育学硕士,华东师范大学与上海市跨文化基础教育研究中心IB教师培训课程导师,国际预科文凭考官(IB Diploma Examiner)。20世纪90年代开始进入国际教育领域,从事教学、课程开发、教育管理等工作。

上海协和双语高级中学校门

儿园、精英幼儿园)、协和双语学校等教育品牌,拥有幼儿园、中小学以及国际高中共44所,学生人数已达20 000余名,其中来自40个国家的外籍学生近4 000名;教职员工3 000余名,其中外籍师资约有500名。

协和教育集团目前在全国有十一个校区,以上海为主。上海协和双语高级中学成立于2007年8月,因地处上海古北国际社区,也被称为古北校区。

对话陈杰妮

在上海古北国际社区,有着一所紧凑精致、理念先进的国际化学校——上海协和双语高级中学。这是一所提供中西融合课程和IBDP国际文凭证书课程,拥有近千名中外学生和百余名中外教师的多元化中学。学校致力于培养独立思考、自主学习、具有全球视野及平衡发展的卓越学子,并通过中学阶段的冲刺,将毕业生输送至全球顶尖的高等学府。

学校的掌门人,是2018年4月履新的陈杰妮,这位个性温润与工作激情并存的女校长在国际教育领域摸爬滚打了20多个春秋,见证了国际教育在中国的成长过程。1994年从华东师范大学教育系毕业后的次年,陈杰妮进入上海的一所外籍人员子女学校任职。此后18年,作为上海最早一批在国际教育领域耕耘实践的中方教师,她经历了课堂教学、课程开发、教师培训、教育管理等各个领域的历练。2013年,已经身为协和家长的陈杰妮离开了工作多年的外籍人员子女学校,并带着对协和教育理念的深刻认同,选择了协和作为她求变创新的新疆域,精耕"中西融合"教育,并由此踏上了中西融合教育的征程。

陈杰妮校长

社会的高速发展和社会价值多元化为中西融合的国际化教育带来契机。如今,中国教育生态正在发生着巨大的变化,国际化双语教育在中国蓬勃发展,正在向深度融合迈进。协和教育以20多年的发展历程,探索出一条中西融合之路。

"融合中西,和谐发展"是协和教育所倡导的核心价值。在跨文化、跨领域的多元背景的团队中,持有开放的心态,互相尊重、互相包容、求同存异、取长补短,并顺势而为,与时俱进,在相互合作中体现出高效和创新的价值。

"我们坚持秉承中西文化融合的办学理念,既有创新,也有传承。要让融合落地生根,首先要实现人的融合,深入教与学的方方面面,渗透于上到学校管理理念下至学生学习生活的教育生态中,由此,融合便自然天成,毫不违和。"陈杰妮说,她深受杜威、叶圣陶教育哲学的影响,"教育即生活、生活即教育",这也是她作为教育者希望去身体力行的目标。

优质师资共育卓越人才

澎湃新闻: 学校的最大办学特色是什么?

陈杰妮: 协和提供融合、多元、全面发展的教育,以培养终身学习者为目标,让学生成为独立思考、自主学习、具有全球视野、平衡发展的卓越人才。

澎湃新闻: 师资是一所学校品牌的保障,学校对于教师选拔有什么样的要求和培养举措?

陈杰妮: 学校通过集团人事集中招聘以及国际专业机构招聘这两种渠道招聘中外教师。中方教师均拥有多年在国际化环境下的教学经历,外籍教师则平均至少有三年的教育教学经验。学校设有教师专业发展协调员,针对全体教师及行政人员就培训支持、培训内容、培训形式等进行立体多维整体设计。我们注重培训需求的原发性,以自愿报名和校方需求相结合,保证在既定的培训规划中能产生更广泛的培训效能。我校专注学生 4C 思维(指沟通力、合作力、创新力、批判性思维能力)的培养,因此我们开发了一系列校内校外的教师专业培训,目的是帮助老师将对学生四种思维方式的培养融入日常教学中去。

此外,学校和集团为中外教师提供了广阔的个人发展平台,培养留用了一批认同中国文化,并对中国土壤有深厚感情的外籍专家团队。2018年恰逢国家改革开放40周年,国际化教育发展的进程也是伴随着改革开放推进的。在中国经济和文化发展的大环境下,外籍教师能够安家于本地,在中西融合的理念下把培养中国的孩子看成他们的事业。协和有一批外籍专家就选择在上海退休,他们把事业最顶峰的时期,献给了中国教育的国际化进程,并且继续留在协和集团参与教育研究工作,以老带新、发挥余热。

学生不需为升学放弃艺术特长

澎湃新闻:学校招生时看重学生哪些品质?学生在高中三年应掌握和具备哪些通用的技能和品行?

陈杰妮:我们青睐具有社会责任感,具有国际视野与胸怀,学科基础扎实且勇于探究和创新,具有中英文双语能力、交往能力、解决问题的能力及终身学习能力的人才。

我们主要是通过中考和自主招生环节招收十年级的学生,学科上比较重视孩子英语语言的素养和科学素养。除了笔试,还会面试家长和学生,希望通过面谈,找到更加积极向上、乐观开朗的学生,同时也找到能够认同我们办学理念的家长群体。在中考成绩方面,历年来我们都以重点中学的分数线作为参考。IB课程并不轻松,甚至可以说比高考更加严苛,因此在录取和培养过程中,我们比较注重学生的主动性、合作性、时间管理和自我管理能力等方面的基础和发展潜质。

作为一所以培养全面发展个体作为主要目标的学校,协和的理念和体系能很好地帮助那些想要从事艺术类、专科类且有很好学术素养的学生追逐梦想。可以说,我们培养的学生的出口,完全符合我们自己的培养目标,没有把"冲藤"作为第一靶向,而是充分体现了我们每一个孩子自己热衷的专业方向。有些家长只追求学生基础学科的分数,却牺牲或者忽略了孩子的艺术特长,但在协和并不存在这样的情况。我们的学生可以充分发挥自己的特质,入读艺术、媒体等领域世界顶尖的专业院校。从2018年升学数据看,我们有77％的学生进入世界综合排名前一百位的学校,另外有19％的学生都进入了世界各地各专业领域的顶尖学府。

澎湃新闻:国际课程如何与传统课程相互借鉴和互补融合?

陈杰妮:IB是框架性的结构,也是素养指向的,规定了学习者的培养目标、态度,培养的是学科中的研究能力、批判性思维能力、合作沟通能力等,有清晰的能力多元评价体系,但不规定教什么内容。因此在选择教学内容时,完全可以从我国的传统课程中汲取营养。

对于人工智能保持审慎态度

澎湃新闻:教学如何结合大数据、人工智能(AI)等新技术,对传统教学有何挑战?

陈杰妮:我们很注重数据,但我们不依赖数据。对于人工智能,我们保持审慎的态度,这是一个负责任的教育者可以做的。我们不能像开无轨电车一样盲目去跟风。

但在科技应用到融合课程方面,我们还是有基础的,并且这个基础在不断地夯实。举例来说,好的计算机科学老师很难找,我们的招聘策略是宁缺毋滥,我们通过跨学科整合,将信息技术知识和手段融入各科教学中去。一个很好的佐证就是我们有学生收到了剑桥大学计算机科学专业的面试通知。面对AI时代,关键还是从教师培训、拓宽教师眼界、丰富教学手段入手。未来社会最不容易被取代的行业之一就是教师,但老师如果仅仅传道授业解惑,却不知如何去激发、有效地去引导和互动,这样的教师显然是首先被淘汰的对象。

孩子的成长轨迹不是空穴来风

澎湃新闻:国内外大学的招生新变化对于学生的生涯规划有哪些影响?

陈杰妮:我们让学生做好自己的准备,名校录取学生,不会只看标准化考试的成绩,每年 SAT 满分却不能进入名校的学生有很多,名校更重视学生的简历和档案,这个不是写出来的,而是要做出来的,以后会反映在文书里。我们为学校的每一位学生都设立了 E-profolio 电子档案。给学生的报告,以往是一年四次,以各科为主线,现在把期末的两次改成给个体定制的陈述型报告形式,给老师全面审视孩子发展的机会。全校每个学生都会有一个指定的老师做他的导师,到了学期末,老师会给学生提供成长轨迹的素养报告,这样学生既有考试成绩的过程性报告,还有老师关于学生能力、态度和个人素质的报告,将来可以直接用于学生申请大学。因为一个孩子的成长轨迹不是空穴来风,也不是仅靠中介机构几个写手去写的,而是可以看得见的成长轨迹。另外值得一提的是,协和有专业的办学资源,对于学生的升学环节等的指导,我们只会由协和自己专业的升学团队全程进行指导,并且这也是学生能够顺利升入国外优质大学的重要原因之一。

赋能教师,培养跨界人才

澎湃新闻:听说学校每年都会有一部自制大戏,跨界元素浓厚。学校是如何做到让学生既爱玩又爱学的?

陈杰妮： 赋能教师，打开教师的思路，教师的改变能够带动课堂的变化，带动学生的变化。比如为了让外籍教师更好地理解中国，讲好中国故事，我们给大家开了太极课、中医课，还开设了两个层次的汉语课，他们觉得很受用，就带到课堂里去进行讨论，生发各种融合思维。还比如，我们借助协和集团的力量，和"六大名家工作室"合作，在戏剧课里开设京剧普及课，开放给低年段学生，很有效果，老师和学生都会因此碰擦出不一样的火花。同时，我们为戏剧考试课程班的学生开设"深探京剧"系列课程，一方面为同学们的考试课程提供学习内容，另一方面为下学期的融合大剧提供素材，学习的成果以多元方式呈现。

我们还请二胡名家、国画大师来学校，进行大师班的教学，侧重中西文化的比较，突出中西文化融合。一旦老师们的眼界得到开拓、思考角度得以丰富，继而就会影响学生，在他们的作品中就能体现碰撞和思考，并更好地对中西融合的学习成果进行表达。

而学校就是想创设这样自由开放的环境。2018年的大戏是"涿鹿之战"，把莎士比亚的经典剧放在了中国神话的故事场景中，主角是黄帝和蚩尤，讲的却是莎士比亚"科里奥兰纳斯"的故事和语言，旁白是孔子及其弟子，乐队是民乐和爵士乐的组合，这一台原创戏剧纳入了古今中外各种跨界和穿越。尤为值得自豪的是，学生们自己对此剧做了各种创意的设计和改变，最终成品是师生互动的成果。2019年还会开发出新的跨界大戏，产生新的融合剧种。让我们拭目以待。

学校教育要为学生的一生发展奠基，努力成全每一个人
——对话上海市文来中学（初中部）校长柏彬*

走近学校

上海市文来中学（初中部），简称"文来初中"，创办于1994年，是一所民办寄宿制学校，是七宝中学教育集团核心学校，毗邻七宝中学和闵行体育公园。学校坚持全面育人，遵循科学的成绩发展观，注重学生人文素养的积淀和全球视野的培养，办学成效显著。

建校20多年以来，学校始终秉持仇忠海理事长倡导的"学校教育要为学生一生的发展奠基"的办学理念，以丰富多样的校本课程、生动活泼的主题文化活动和社会实践活动，为学生搭建张扬个性、展示才华的舞台，满足不同学生个性化学习与兴趣特长发展的需求，培养出大批具有"平民本色、精英气质"的优秀学子。

---

* 柏彬，上海市文来中学（初中部）校长，闵行区领军人才。1997年大学毕业后进入文来中学，先后担任班主任、年级组长、教导主任、校长助理，2008年正式担任文来中学（初中部）校长。

文来中学（初中部）校门

对话柏彬

文来初中做过一项调研：十年前毕业的学生中，在校成绩最困难的那些人，他们现在过得如何？

调研的结果发现，这些学生的人生走向主要有三类：第一类是利用自己的特长，在专业领域发展得很好；第二类是自己创业，开个小店、做点生意，他们情商很高，合作及表达能力特别强；第三类职业平凡，当一个小职员，或者点心师等，自食其力，知足常乐，平凡但过得很幸福、很开心。

这个调研结果更坚定了校长柏彬的育人原则：你找不到两个一模一样的人，因此，不要用一把尺子去衡量所有学生。

柏彬说："我做老师时间越长，在学校待得越久，越会觉得

柏彬校长

教育的作用是有限的。"影响一个人成长的因素太多了,不是一个学校能包办解决的。实际上,学校没办法去成就每一个学生,或者塑造每一个学生,学校教育,要为学生的一生发展奠基,努力成全每一个人。

"教育很重要,但不要夸大它。老师或者家长,教育时心态平和、耐心一点,既要尽力而为,也要顺其自然。"柏彬说。

那学校可以做什么?文来中学的做法是:想尽办法,提供更多发展的平台和空间,尽可能地让每一个学生人尽其才、各有精彩。

面对家长们的疑虑和困惑:"道理我们都懂,但考试和升学是绕不过的坎呀!"文来中学的口号是:要科学地、有效率地要成绩,首先划出一条底线,那就是不以牺牲学生身心健康为代价!

十年前所谓的"差生",回看他们在学校的日子,虽然成绩不理想,但共同的特点是热爱学校和老师,跟同学很有感情,身心健康，品行端正，阳光豁达，不钻牛角尖，没有不良嗜好。

"其实初中阶段，能够身心健康，阳光豁达，品行端正，哪怕成绩不好，今后也一定会好，可能更好。"柏彬说。

每年的9月10日是教师节，但对于文来初中的学生而言，也是他们的节日，因为这一天是"爱生节"。什么是"爱生节"？顾名思义，爱护学生的节日。这其中还有段历久弥坚的情感佳话：1998年9月10日教师节，时任七宝中学校长的仇忠海为12对教师举办了集体婚礼，当时轰动上海滩。婚礼后，12对新人将全部礼金资助当时学校的困难学生，于是每年的9月10日，成了七宝中学和文来中学的"爱生节"。

文来的学生观：把学生当人看

澎湃新闻：文来中学提出的观点很是与众不同：把学生当人看。为什么会有这样的观点？具体怎么做？

柏彬：是的，文来中学一直坚持这样的学生观：把学生当人看。我说给别人听时，很多人都不理解。在我看来，作为"人"是无价且独一无二的，思想、情感、个性、爱好、喜怒哀乐等都不完全一样，在此基础上，我们必须公平公正地善待每一位学生，小心翼翼地呵护他们的心灵成长。文来中学因此提炼了三条学生观，对家长也同样适用：第一，敬畏生命，静待花开；第二，尊重差异，因材施教；第三，立足长远，终生发展。

经常会有家长对孩子这样说："我说了多少遍了，你还不听？"实际上，你说了多少遍，和他听进去之间，是没有必然关系的。

值得我们思考的是，为什么隔壁班老师只讲了几遍，学生就听进去了？原因可以归结为这六个字：亲其师，信其道。如果学生很喜欢、很敬佩这个老师，老师的一句话顶一万句！很多家长也会说,"我花了多少钱就不说了,又操心又费力,你怎么还是这样?"

　　我想说的是,我们要明白,教育很重要,但也是有限的。文来中学每年招收四五百名学生,就是四五百颗种子,每一颗种子以后开什么花、结什么果,我们都无法预料。但我们可以做到,对每一颗种子密切观察,用专业知识和经验判断,不断地调整优化,为这颗种子提供独一无二的最适合它的"生长要素",及时为它除"虫害、病害"!只要有信念,人人可教,人人皆可成材,或参天大树或美丽的花朵,我们需要做的就是"成全"。

　　我们还有个不成文的规定,所有在文来初中就读的学生,中途转学、休学或到其他地方去的,必须与家长一起到校长办公室来说明情况,如果当中有因为在学校里受到不公正对待的情况,

阳光的学生

我一定会干预的。

考试升学这把大尺子绕不过去,我们就把它化作很多小尺,将这一把把的小尺交到学生自己手里,我们不给你量,你自己量!

这四种特质的孩子受青睐

澎湃新闻:每年的招生季,文来初中都是家长和学生眼中的大热门,文来青睐什么样的孩子?

柏彬:我们青睐有四种特质的学生:一是阳光活泼的,书呆子型不受欢迎。二是个性特长鲜明的,所以我们每年会拿出大量的招生名额,去招那些在艺术、体育、科技、社会活动等方面有特长的学生,哪怕成绩弱一点。因为学校是一个生态大系统,好像一片大森林,需要有各种各样的学生身在其中,只有清一色只会读书的是不行的。三是希望找到与学校"趣味相投"的家长和孩子。初中阶段的孩子可塑性还是很强的。我们一直在跟踪六年级进来的学生,成绩好的孩子,不一定到九年级就好;六年级进来成绩一般的,最后九年级出去成绩很好的学生比比皆是。当中还是有规律的:比如上课认真听讲,回到家里先完成作业,再看电视和玩,这样的学习习惯养成比较好的孩子,往往后劲足。四是看重孩子有没有社会责任感。在面谈的时候也会去跟孩子聊一些社会热点问题,了解他们参加过哪些志愿者服务,是否担任过学校或班级的干部,为学校、班级做了些什么工作,从中可以看出孩子是否具有责任感。

培养"十二心"学生

澎湃新闻:经过初中四年,您希望为社会培养的是什么样的孩子?

柏彬：我在一次开学典礼时做过一个发言，希望学生们做一个有人文情怀的人。大家知道文来初中的办学特色是"人文立校、主动发展"，学校把人文素养的培育作为立校之本，这既是对仇忠海校长奠定的七宝中学"全面发展、人文见长"办学特色的传承，也是文来初中基于自身办学积淀与思考的结果。文来初中在20多年的办学发展中，逐步形成了"把学生当人看"的学生观，科学的成绩发展观，"大森林、百花园"的成材观，基于人文关怀的管理观，"与人为善、成人之美、常怀感激之心"的人际观，"民主、平等、包容"的校园文化，"主动为他人着想，无须他人提醒"的文化自觉等一系列基于"人之为人、视人为人"的人文教育思想的办学积淀。可以说，文来初中是一所具有浓郁人文情怀的学校，培养了一大批具有较高人文素养的优秀学子。作为文来的学生，理应培育并积淀自身的人文情怀。

经过文来的四年熏陶，我希望呈现的"作品"是有"十二心"的孩子：敬畏心、恭敬心、同情心、感恩心、友爱心、互助心、责任心、公益心、坚韧心、进取心、欣赏心、悦纳心。

具体而言：

第一，做一个有敬畏心、恭敬心的人。大自然、人类社会都有自己的运行法则和不可抗力，要懂得遵从规律与公序良俗，养成规则意识，无知者才无畏，有敬畏心方能自律自觉。山外有山、人外有人，用恭敬心看待周边的人与事，才能提升自身的眼界和胸怀，不可盲目自大，刚愎自用。敬畏心、恭敬心不仅是为人处事的态度，更是一种人生智慧。

第二，做一个有同情心、感恩心的人。人之初，性本善，一个有同情心的人往往内心柔软，懂得将心比心，会体谅包容他人，进而去帮助需要帮助的人。懂得感恩的人，往往知足常乐，也会更加谦逊进取，不会怨天尤人。一个有同情心、感恩心的人，往往热爱生活、珍惜生命，不仅自己阳光快乐，也能带给周围的人更多温暖和进取的力量。

第三，做一个有友爱心、互助心的人。人具有社会属性，人的成长离不开环境和集体，一个人的成功，需要相互彼此之间的成就。只有懂得为他人付出的人，才能得到更多别人的扶持。一个自私冷漠、心中只装着自己的人，往往很难得到别人的认可。懂得团结友爱他人，给予别人力所能及的帮助，不仅自身愉悦充实，还会得道多助，所谓"赠人玫瑰，手有余香"！

第四，做一个有责任心、公益心的人。人不能只为自己活着，需要更多地承担起对家人师长、同学亲朋，乃至对社会和国家的责任担当。文来的学生特别不能成为"精致的利己主义者"，而要心中有大爱，要思考自己能够为他人和社会承担怎样的责任，今后如何用自己的才华去帮助他人、服务社会、报效国家，这是一个人真正具备精英气质的标志。

第五，做一个有坚韧心、进取心的人。人生不会一帆风顺，眼前的困难都不算什么，今后还会面对更多更大的艰难与坎坷。因此，学生要学会坚韧不拔，锲而不舍，即使失败，也要学会云淡风轻地面对，从头再来。成功固然可贵，但学会笑对坎坷更是人生本领。要始终保持积极进取的人生态度，做一个对自己有认识、有目标、有规划的人，清楚自己将来要什么，如何去获得。

第六，做一个有欣赏心、悦纳心的人。每个人都是一道独特的风景，欣赏别人、悦纳自己，用欣赏的眼光学人所长，以悦纳的心态接受自己，不要在功利中嫉妒别人，不要在繁杂中迷失自我。只有真正懂得欣赏的人，才能提升自己的品位；只有真正接受自己的人，才能找准成长的方向。生活中并不缺少美，而是缺少发现美的眼睛。

学会认识自我，学会与人相处，学会融入集体，学会遵从规则,学会面对生活,学会拥抱未来,这都需要人文素养的积淀。当我们具备人文情怀之时,一定会有一个更加幸福美好的人生。

探路国际融合课程,取中西教育之长

澎湃新闻:文来初中2019年新招生的12个班级里,有两个特别的班级,英文名称是"WL—IIC",中文名称是"文来初中国际融合课程",据说目前已招了两届,共三个班的规模。为什么要做这样的探索,学生今后的升学方向是什么?

柏彬:国际融合课程的确是一项新探索,其特点我归结为:具有文来特色和国际范的中国课程。首先它是中国课程,所有的国家教材、上海二期课改教材的教学内容,都保质保量原汁原味地完成,跟其他班级一样,开设同样的课程,上同样的内容,做同样的作业,进行同样的考试。

在此基础上,我们针对中式教育中存在的一些问题进行了调整和优化,融入了西方教育中一些对学生有效的培养目标。

中式教育的优点是学科体系完整,学习知识的态度刻苦严谨,传统文化积淀深厚。而其第一个缺点,则是学科融合不够,物理管物理、数学管数学,实际上现实生活中很多问题的解决,不是只靠单科的知识,但我们的考试是这样考的。

中式教育的第二个缺点是学生解决问题的能力弱,做卷子行,解决问题不行,动手实践能力差,也就是纸上谈兵。面对生活中很多问题束手无策,因为很多孩子可能都没有时间去接触生活。

第三个缺点是表达交流不够,国际视野还不够开阔。2035年,中国的民族复兴将步入新时代,现在这批学生到了2035年正值壮年,他们能否承担起更大的全球发展责任?

如果孩子整天在刷题,对外面的世界一点不了解,这是有缺陷的，我们现在就是把中式教育最好的东西都完整地保存下来，同时把我们所看到的一些问题加以改善或者解决。融合课程班的孩子家长将来不少是要走国际教育这条路线的，进入国际高中，将来申请海外大学。

中考是必须人人参加的，但是融合课程班的学生不需要完全通过中考高分来考名校，这就意味着他们可以从大量的应试操练中腾出时间和精力。中考是两考并一考，即合格考和升学考并在一起，很多的孩子不得不进行熟练度的操练，不是说这道题会做了就好了，而是必须在最短的时间内，用最正确的方法把题做出来，要有解题效率。所以到了初二、初三年级，为了争半分、一分，去"四校"还是"八大"，很多学生为了这一两分不得不把大量的时间花在熟练性操练上面。

但如果将来决定要申请国际高中、海外大学的，就意味着可以省出时间，正好用以补充目前教育中不足的地方，比如学科综合类的课程设计，提高动手实践创新能力和表达沟通能力，还可以让学生参与更多的社会实践活动，参加外教课程或语言类的课程，让学生们开阔眼界等。我们也会要求融合课程的学生用英语对世界各国的文明进行学习和思考，这种强化不是只做卷子，而是要让他们运用语言去交流，去了解、欣赏人类的文明，加强对不同文化的理解与互相交流。所以我们的国际融合课程汲取的是中外教育之长，同时也能充分享受到文来最优质的教育资源，比如同为七宝中学教育集团内的中美合作高中七宝德怀特、文来高中的中美班和中日班等，都是可以共享的资源，也是以后升学的优先渠道。

我们从预备年级开始就会加强学生们英语听说、动手实践、团队合作、表达交流、自主管理和探索展示等各项能力的综合培养，希望把孩子们培养成为具有深厚中国优秀传统文化底蕴，又具有宽广国际视野的新时代好少年。

古诗文清香满溢校园

澎湃新闻：在 2017 年的央视《中国诗词大会》节目中，文来初中的侯尤雯同学表现不俗，听说迄今文来初中已是第 13 次蝉联上海市中学生古诗文阅读大赛团体冠军，背后有什么秘诀？

柏彬：侯尤雯是文来初中众多热爱古诗文的学生中的一员，古诗文的浸润在文来校园，处处可见。学校有学生自发成立的诗社，课间背诗、吟诗、自己写诗放松已成为常态。教学楼门前挂着用篆体书写的学生创作的春联，在教室里不仅有名家诗词，还挂着学生们自己撰写的诗歌。从 2002 年起，学校语文教师就自发甄选适合初中生的诗文，最后编撰成《文言文课外读本》，作为第一本校本教材走进语文课堂。现在，学校低年级每周 2 堂古诗文课，高年级每周 1 堂。学校还有近 20 门传统文化类拓展课程，包括古文诵读、成语故事、诗歌赏析、古代文学常识、精品阅读、历史小故事、中国古代文学史话等。学校每年都会举办汉字听写大会或诗词大会等比赛，让学生浸润在中国优秀传统文化的氛围里。

老师们对于古诗词的教学方式也是动足了脑筋，比如为了帮助学生更好理解古诗文，不少老师平时教学时

文来学生在教室的门上张贴自己写的原创春联

会让学生即兴排演小品或舞台剧,侯尤雯总是其中最积极的学生之一。在教《核舟记》的时候老师会让学生照着原文来排练小品,即兴表演。孩子们觉得连《核舟记》这样一篇类似说明文的文章都能够在眼前如见其人,顿时文章就在脑海中活起来了。

除了校内,我们也会发动家长在学生课余时间督促努力。学校历年都会布置学生家庭一起收看《汉字听写大会》《成语大会》《中国诗词大会》《诗书中华》等传统文化类节目。

寒假作业不仅有读书、摘抄、仿句,还会让家长陪孩子一起看《中国古诗词大会》乃至电影《幸福来敲门》,这部电影看起来可能距离古诗很远,但也可用来培养人文内涵。

从2017年秋季学期开始,我们开设了古诗词创作班,聘请了中华诗词学会会员蔡国华老师来上课。2018年年初,学校举行了首届春联创作大赛,全校同学积极参加,涌现出了一批优秀作品。比如"听妙琴谈古论今,看子龙旁征博引",横批"梦圆文来"。春联中巧妙地加入了班级语文、数学和英语老师的姓名,同时也将校名融入其中。

春联创作写出了同学们对未来的期望,以及对于新学期学习生活的向往。自己创作、书写春联,自己贴春联,都是学校多年来重视古诗文教育的举措之一,也是学校重视民族文化传统的传承之举。

对于学生来说,什么最重要?身心健康最重要,人文素养最重要,学习能力最重要,个性才情最重要,文化根基最重要。古诗文的学习可以为孩子的深厚人文底蕴培土奠基。

托管帮扶,神秘"工具箱"可让"弱校"变"强校"

澎湃新闻: 优质教育如何做到区域共享并筑高底部,听说文来初中通过十多年的实践摸索出一套"工具箱"理论,神奇的

"工具箱"可以引发什么化学反应?

柏彬: 我们积极响应上海市及闵行区学区化集团化办学和"初中强校工程"精神,一如既往地主动承担推进区域教育优质均衡、共同发展的社会责任。

上海市教委2018年推出的"强校工程"的任务单提到:由市实验性示范性高中、优质品牌初中学校领衔组建紧密型集团或学区,鼓励优质民办学校托管。

事实上,闵行"初中强校工程"的第一炮,是由文来打响的。无论是1994年学校创办、到后来助力区域内公办学校发展,再到如今创办并托管公办文来学校,文来初中都在顺势而为,积极探索一条教育教学改革攻坚的道路。

当初文来初中的创办,就是响应政府号召、解决公办学校的不足。如今,学校办学质量有目共睹,已成为闵行区一流、上海知名的民办初中,是闵行教育的一大品牌。

学校在发展中也曾面临着来自各界的"过度争抢生源、扰乱区域学校发展秩序、破坏地区教育生态平衡"等质疑。面对这些质疑,文来坚守两点:第一,做好自己。以卓越的办学追求和办学质量,满足区域内百姓对优质教育的追求,这好比"让一部分人先富起来"的目标。第二,帮助他人。致力于区域和集团内学校辐射与共建工作,这好比"共同富裕"的目标。

文来版的强校工程探索,始于2005年。时任七宝中学校长、七宝中学教育集团理事长仇忠海提出,对外帮带是一种社会责任意识,要致力于区域和七宝中学集团内学校辐射与共建。在他的领导下,文来初中已先后帮扶和托管过6所公办初中,以自身资源引领了兄弟学校稳步提升。

2005年,文来初中与七宝二中结成帮扶关系。我当时担任文来初中教导主任,兼任了七宝二中的校长助理。每周有一个工作日待在七宝二中，负责探究型课程开发和相应课程的师资培训。

2010年起，文来初中帮扶对象新增了4所公办初中，即七宝三中、航华二中、航华中学以及"全面托管"的七宝实验中学。

2013年起，文来初中在七宝中学教育集团的基础上，发起并成立了"初中教学联合会"，联合会成员学校相互之间开展共建交流，协同发展。

2015年，文来初中又"全面托管"了位于虹桥新虹街道的文来实验学校。

从"一对一"到"一对多"再到"联合会"，我们探索出一整套帮带辐射公办初中的方法群，形成了可以根据不同情况组合使用的"方法工具箱"。

教育教学中，最关键的是"人的因素"（教师、教育管理人员），最基础的是"物的因素"（课程、教学科研、数字化支撑平台）和"文化因素"（学校顶层设计、校园文化建设），辅以"其他辅助支撑性的要素"，这些共同构成了4组58种辐射共建的操作办法，被一一纳入了文来的"工具箱"，并配以正确使用的"说明书"。

2017年，我们将这套"工具箱"理论总结成课题经验——《优质民办初中助力区域公办初中协同发展的探索与实践》，回答了"优质民办初中需要运用什么样的辐射共建手段（方法）才能有效帮助公办初中快速提升教育教学质量，从而实现学校协同发展、区域教育均衡的目标？"这一问题。此课题因此获得了2017年上海市基础教育教学成果奖一等奖。

融合中外课程所长，铺就多元成才之路
——对话上海市文来中学（高中部）校长黄健*

走近学校

上海市文来中学是由上海市实验性示范性高中七宝中学于1994年8月创建的民办完全中学，隶属闵行区教育局，是七宝中学教育集团核心校。学生总数逾3 300人，是上海市规模最大的完中之一。学校理事长是上海市教育功臣、特级校长、特级教师仇忠海。

2004年文来中学高中部响应区政府关于扩大优质教育资源的号召，整体搬迁至古美校区，现分为国内部（三个年级15个班级）和国际课程班两部分，共有学生800余人，教职工126人，外籍教师18名。

从2006年开始，学校以"多元化教育、多课程选择、多渠道成才"为办学特色，先后开设美术、摄影、编导、音乐和体育等特色升学类课程，同时开办中美、中加、中日国际课程班。文来

---

* 黄健，语文高级教师，2009年起担任文来高中校长，现为上海高中教育专业委员会理事、上海民办中小学协会理事、文来中学校长。

文来中学（高中部）校门

高中以"博文约礼，鉴往知来"为校训，以"人文立校、多元成才"为办学理念，以"国际视野、中国精神"为育人目标。2017年开始积极创建"视觉素养培育"特色学校，目前已经入围上海市普通高中特色校创建项目校。

近年来，学校的社会声誉逐年提升，2010年被评为闵行区首批实验性示范性高中，2014年成为上海市21所国际课程试点校。

学校自2006年始尝试引进国际课程，2009年正式成立文来高中国际部（ShangHai WenLai International School），简称"SWIS"，SWIS的办学理念是"激发内心成长力量"，办学宗旨是融汇东西文化优秀传统，贯通中外教育经典课程，为有志于接受国际课程的学生提供多元的教育机会,培养具有全球视野、中国精神与国际竞争力的未来公民。

对话黄健

2019年6月12日下午,上海文来中学国际部"普思示范学校"授牌仪式暨SWIS语言学习中心成立仪式在校内举行,"单个学校组建语言学习中心,在上海市的中学可能是第一家,不仅仅是一个名称的改变,也应该是SWIS的一件年度大事。"文来高中校长黄健说,他更希望以此为契机提升课堂教学质量、注重梯队建设、加强青年教师培养。

长期以来,国际教育中的中方教师,尤其是中方外语老师的能力和地位都被严重低

黄健校长

估,上海文来高中国际部联合英国文化教育协会成立SWIS语言学习中心就是希望进一步发挥和提高中方外语教师在国际课程中的作用和地位。

SWIS引进了香港大学、复旦大学、北京大学的优秀教师,"希望一加一大于二,在教学、研究当中不断产生智慧的火花,让SWIS语言课程更优质,成果更丰硕,学生的获得感更强。"黄健说。

上海市教育功臣、特级校长、上海文来中学理事长仇忠海是文来国际化办学的引路人，在他的引领下，2014年第一所中美合作高中七宝德怀特诞生，2018年文来初中也开出了融合班。"随着全球化进程的加快，中国要得到更快的发展，需要培养一批既保持民族情怀，又具有世界眼光的精英青年，国际化教育就是给了他们一种便利的通道。"仇忠海说，让孩子在成长过程中保持着一颗中国心，同时强化创新能力，提供其多元的发展空间。

文来高中国际部从2006年发展至今已经走过了13载。目前是上海市教委批准的21所国际课程试点高中之一，现开设有美高课程＋AP（大学先修课程）、日高课程两大融合课程板块，从事国际课程教学的专业师资约有50多名，共有10个班级，在读学生约300名。据介绍，文来高中国际部学生凌小丽在美国成功开设服装发布会，方寅越同学则凭借自己出色的演讲当选日本柳儿高中建校史上第一位留学生身份的学生会会长。文来高中国际部主任王颖慧认为，语言是文化的关键符号，学生用英语演绎中国故事，正说明了在SWIS，语言也是传承中华文明的载体。作为融合课程，SWIS一直主张面向中国学生，用经过大量科学实证的国外成熟课程框架，融汇中国特有的教学和指导体系，来传递中华优秀传统文化的基因。

文来高中国际部外方主任Craig Ramsey毕业于南卡罗莱纳大学，他的IB历史课程深受学生们欢迎，在他看来，语言学习中心可以给学生带来更广阔的平台。英国文化教育协会考试部市场副总监闵洁雅表示，英国文化教育协会在英语测评领域已有80余年的积累经验，拥有丰富的学术资源和完善的考试服务体系，希望通过此次"普思考试示范校"和"语言学习中心"的建立，为学生外语沟通能力的培养提供切实有效的帮助。

让不自信的孩子成为阳光少年,秘诀就是坚信每个学生都有才能

澎湃新闻: 现在上海的国际高中非常多,文来高中有什么特色?家长为孩子挑选时常常无所适从,您有什么建议吗?

黄健: 有一个数据,上海目前的国际高中的数量已经超过了140家,文来高中的特色就是"三多三精"。"三多"就是多元化教育、多课程选择、多途径成才,"三精"就是精美的校园环境、精心的教育细节、精彩且富有活力的课堂。

家长在挑选国际学校时需要理性一些,现在有的家长看国际课程,哪个看上去更加高大上就选择哪一个,甚至哪个学费更贵就挑选哪个,这些都是非理性的。应该更多地看学校办学的扎实程度和办学特色。

黄健校长和学生们

澎湃新闻： 国际课程如何与传统课程相互借鉴和互补融合？

黄健： 目前，在沪上国际学校中，尤其是上海市教委批准的21所国际课程试点学校中，对于融合课程的建设已经形成共识。在我看来，好的国际课程一定是融合的，我们引入好的国际元素，绝不是照搬国外课程的"洋面孔"，而是要接中国学校教育的地气，融入学校文化，为培养国民教育体系中的人才服务。

作为21所试点学校之一，按照市教委的政策要求，我校的国际课程中不是体系化引入国际课程，而是在保留了中方四门核心课程的前提下，选择性地引入国外高中的部分课程与AP课程。因此，我校的国际课程设置本身就是"融合课程"框架。目前，学校国内部和国际部在同一校园内，学校所有教育资源的开放都是面向所有在校学生的。

文来高中还开发本土化课题研究，通过课题带动融合课程的研究。国际课程的高选择性、注重多元等特征都与学校的办学理念相契合，国际课程的引入，加速了学校对于特色办学的思考。2018年我校的区级重点课题"中外文化融合视野下的普通高中艺体特色课程建设的实践研究"顺利结题。借鉴国际课程中生涯规划的相关内容，开展"高中生涯课程开发与实施"等课题研究，指导学校学生生涯规划有效进行。这些课题的开展和实施，使学校办学探索进入更深层次、更高领域。

澎湃新闻： 据说不少原本不自信的孩子到了文来高中国际部都找回了自信，其中有什么秘诀？

黄健： 男孩童童（化名）是浦东一所学校的初中生，成绩很一般，考一般的高中也很困难。我刚见到他的时候，他跟我说话时眼睛不敢正视我，满脸写着"不自信"，这样的神态在不少中国孩子的脸上并不鲜见，他后来进了文来高中就读中美班，还去了美国姐妹校学习，2019年已顺利被美国的佩珀代因大学（Pepperdine University）录取，这是美国一所一流的私立研究型大学。2018年US News美国大学综合排名中，佩珀代因大学位列全美第46名，是全美国排名前50的学校里本科录取人数最少的，仅次于加州理工。2019年US News数据显示佩珀代因大学录取率仅为37%。前美国第一夫人南希·里根毕业于该校法学院。

如今的他，不仅成绩好，整个人也变得阳光开朗，自信也回到了他年轻的脸上。

我在从事学校管理的多年工作中，也碰到了很多个性化成长的案例。曾经有一位学生，在进校的时候成绩很不理想，发展也不均衡，我们对她进行评估，感觉她可能连国内的一般本科学校也考不上，但是她外语很好。根据学校多元发展的路径，我们给她及类似的同学开了一个小的国际班，这个同学在国际班中如鱼得水。后来她一下子拿到了好几所海外高校的录取通知书，其中有几个还是常春藤的offer。从这件往事中，我更坚信学生都是有才能的，关键是我们的教育能否提供他们成功的路径！

文来高中国际部在专治学生不自信方面有一整套的"组合拳"，比如文来高中国际部拥有非常丰富的海外教育资源，每年有近百所大学招生官前来访校，与学生面对面交流切磋。学生可以根据自身的特征和需求，选择2+1（学生在国内读高一、高二，去国外姐妹校读高三后直接申请大学）或3+0（学生在国内读到高三后直接申请大学）学制。

按照文来高中国际部的课程体系，学生根据程度的不同，可以选择普通课程、荣誉课程、AP课程（大学先修课程）三类，就算原先积累了许多挫败感的学生也能在不同的学科里找到适合自己的位置来发挥优势。

化学实验室

与此同时,学校里一对一咨询跟进的升学指导老师根据学生的情况,为他们量身制定了升学方案。

回应"钱学森之问",培养创新人才需避开"视觉文化文盲"的雷区

澎湃新闻:文来高中正在创建上海市视觉素养特色学校,推出这一创新方式的初心是什么?取得了什么效果?

黄健:2005年,时任总理温家宝同志在看望我国"两弹一星"元勋、新中国航天事业奠基人钱学森先生时,钱老感慨说:"总理呀,我们这么多年培养的学生,还没有哪一个的学术成就,能够跟民国时期培养的大师相比。"钱老又发问:"为什么我们的学校总是培养不出杰出的人才?"这就是著名的"钱学森

之问"。

"为什么我们的学校总是培养不出杰出的人才?"钱学森之问振聋发聩,先生是在拷问中国的教育、中国的教育人。事实佐证,20世纪排名前一百的发明中,我们国家没有一项,获得诺贝尔奖的中国人寥寥无几,无法和国家庞大的人口相匹配,我们的制造能力已经是世界第一,但创造力不够,重要领域的关键技术都掌握在他人手中。为什么会这样?原因在哪里?答案其实不难找到,那就是长期以来,我们的教育体系(包括家庭教育)从认知到实践都存在一种系统性的偏差,这个偏差就是把教学等同于知识并局限在知识上,教育过于重视知识的传授,而忽视学生创新才能的培养,长此以往,年轻人的创新力严重不足。

所以,近年我们国家新出台了"双一流"高校建设、初高中教育的改革和高中综合素质评价等举措,都是希望切中中国教育的积弊。从2016年开始,上海教育又推出特色高中建设的新举措,也是引导学校从分层到分类、从"育分"到"育人"的变革,积极探索普通高中创新型人才的培养,可谓是一股教育的清流。

目前我们文来高中是进入上海特色高中项目学校序列的唯一民办学校,我们要争创成为上海市视觉素养特色高中。为此,从2016年开始,学校重新梳理了发展目标和特色发展方向,视觉素养创培中心应运而生,内设摄影、编导、戏剧、书画、机器视觉、手工等九大平台供学生施展才华。学校构建了有层次的系列视觉课程系统,设置了几十门拓展课让学生自主选择。文来高中将以视觉素养培育作为学生创新能力培养的抓手,打造学校的特色,争取用三年时间创建成为上海市特色高中。

什么是视觉素养?美国学者戴维斯提出:视觉素养指一个人通过看和与此同时产生的其他感觉,并将看与其他感觉经验整合起来的一类视觉能力。进入到21世纪的今天，随着互联网和人工智能技术的迅猛发展，信息量呈几何量级增加，更需要我们有一双睿智的眼睛，能够智慧地看、高效地辨别、批判地分析和明智地选择，学校通过相关课程的设置，或者在课程中注重授课方式视觉化的变革，从而整体提升师生的视觉素养。

视觉素养的培育和促进学生创新能力，两者有什么关联，我谈谈自己的理解。

第一，视觉素养的培育可以增强学生的想象力。俄罗斯著名作家契诃夫说："艺术给人类插上翅膀，把我们带到很远很远的地方"，与传统的课堂不一样，在视觉艺术类课堂上，总是闪烁着智慧的光芒、想象的火花，摄影和绘画作品的生成是源自于生活的创造，戏剧和影视更是多门类艺术的汇总，没有创新精神、创造能力几乎寸步难行。希望同学们都去看看由我校学生编写、导演、拍摄的电影《着色》，很好地表现了学生的创造力。2018年的暑假期间，门青老师带领毛乐晴、陈思琪、张佳怡等同学冒着酷暑对体育馆西阶梯等场所进行了室外3D绘画，我想他们一定品尝到了艺术创作的快感。

第二，视觉素养培育可以提升我们感知生活之美的能力，这是创新的前提和基础。试想一下，如果是一个对生活抱以漠视和冷淡态度的人，又怎会关注生活？不关注生活，创新从何而来？日本有个有趣的电视节目深受孩子欢迎，叫《变变变》，就是培养人们对生活的热爱和创新的精神。同样，我们的视觉特色课程，起点不高深，玩中学，学中玩，重在发现和挖掘学生的潜能，并使同学的审美能力和视觉素养不断提升。

第三，视觉特色课堂可以提高课堂的活力。精美的PPT总让人眼睛一亮，适当音像材料的运用令人耳目一新，这样的课堂，可以更有效地激发学生思维的活力，一个善于运用视觉素材的教师往往受学生欢迎,教学效率也往往更高。

生活需要品味,艺术源于创造。阿尔夫·托夫勒在其著作《第三次浪潮》中指出:人类社会正在孕育三种文盲:文字文化文盲、计算机文化文盲和视觉文化文盲,前两种文盲的判断显而易见,就是不能通过阅读获取知识信息和不会使用计算机的人,而视觉文化文盲容易被人忽视。在今天这样的读图时代,很多人仅仅是"看到",而远远做不到"看懂"和"看透",这其实就是视觉素养不够。这也是我们探索视觉素养教育的价值所在。

我们的目标是:提升视觉素养,培育创新人才。

好的家庭教育,是父母和孩子一起成长

澎湃新闻:现在家长的焦虑感越来越重,您认为,好的家庭教育有什么共性?对于家长,您有什么建议?

黄健:幸福的家庭都是一样的,不幸的家庭各有各的不幸。做得好的家长是有共性的:对孩子的教育参与的比例很高,比较注重孩子习惯的培养,家长自身也比较自律。很多出现问题的家庭,往往是管得不多或者管得过多。

我们学校曾经有一位学生,中考成绩并不好,是踩着分数线进入文来高中的。孩子的父亲在高中三年扮演了非常好的角色,一直注重孩子习惯的培养。他对女儿说,虽然初中我们成绩不是很好,到了高中了,我们一起做一个自律的人。三年中我们都不看电视(因为女儿在初中时爱追韩剧),父亲把电视拆了,每天和女儿晨跑好几公里。孩子跑完步之后再看书学习,白天上课的时候,孩子的精神就很饱满,每天晚上到九点钟了就准时休息,形成了健康的生活方式。后来这个女孩完成了逆袭,成功考入了复旦大学。

我并不是鼓励家长们都去陪孩子跑步,都不看电视,而是说

家长的言行深刻影响着孩子的成长,家长要把眼光看得远一点,把学习成绩看得淡一点。教育不能太功利,还是要回归到培养人的本源上来。

搭建平台,助力教师更优秀

澎湃新闻:一支有战斗力的教师队伍是一所好学校发展的中流砥柱,学校是如何培养教师队伍的,为教师的发展提供了哪些保障?

黄健:我们重视各梯队教师的培训工作。

一是在新教师培训方面,主要借助两个平台:新教师专业成长培训平台和雅舍书香读书会德育平台。以阅读、讲座、交流、听课、被听课等形式展开活动,培训节奏紧凑、张弛有度,新教师队伍发展态势良好。

二是在成熟型教师专业发展管理方面,对于学校精英型教师团队,学校每学期都通过开设精品课、探索课平台,选拔各学科优秀教师进行有主题的公开课展示,促使他们走在学校教学改革最前沿,成为学校教学改革风向标,以活动促发展。成熟型教师是学校发展的中坚力量,发挥好这个团队的示范引领作用,夯实学校中流砥柱的力量,也是学校发展的重要工作。

此外,我们特别重视教研组有效性建设。学科教研组是教师校本研修的主阵地,是提升课程领导力、提高教学有效性的重要教研组织。为进一步强化课程领导力,引导教研组加强教学研究,不断提高教学有效性,学校主要从以下两方面入手,一是通过论坛引领,助力教研组专业成长。借助教育集团建设优秀教研组的东风,并融合本校视觉素养特色研究,我校以"教研组论坛"的形式作为教研组长例会的主要内容,推动教研组个性化发展和有效性建设。通过论坛及时发现、提炼、传播优秀教研组建设方面的成功经验，包括反思，促进全员教学成长。2018年度开始，论坛每月一次，呈现各组特色，并通过微信直播。到目前为止，已经有7个教研组参加此项活动。国内部教研组微论坛活动真实展现各组特色，给其他组室建设提供了学习范本，活动效果良好。国际部人文教研组后续也主动要求加入，展示特色工作。中外融合与碰撞，产生了意想不到的好效果。会后中外教师愉快沟通教学心得；二是在精品课、探索课活动中，落实"三磨教研法"，探索课堂改进新模式。2015学年第二学期开始，我校以精品课、探索课活动为抓手，和教研组一起致力于改变现状，探索课堂改进新思路。经过一段时间的实践，"三磨"教研法逐渐成形。学校全程督导教研组"三磨"教研活动，要求激励教研组回归本色，踏实研讨。

打造世界一流水准的中国学校
——对话上海市民办平和学校校长万玮*

走近学校

上海市平和学校从现代教育理论和素质教育目标要求出发,构建从小学到中学一以贯之的完整的课程体系。学校成立于1996年,2001年起,学校获准跨区县面向全市招生。2002年起在高中部开设国际文凭组织课程,实施全英语教学。2003年通过国际文凭组织(IBO)审核,成为IBDP组织成员学校。2004

平和学校内景:校训和文化墙

---

* 万玮,曾荣获"上海教育年度十大人物"称号,教育部"国培计划"专家库首批成员,著名班主任培训专家。出版有《班主任兵法》《用服务的态度做教师》《向美国学教育》《教师的五重境界》《40岁,开始学做教育》等多部专著。

年,学校被上海市教育委员会认定为"上海市首批双语学校",2007年被批准为"上海市直接向境外招收外国留学生资格学校",2014年成为上海市首批21所可以开设高中国际课程的学校,2018年成为平和教育集团成员校之一。

对话万玮

在上海浦东金桥碧云国际社区,有一所十二年一贯制的寄宿双语学校——上海市平和学校,这所诞生于1996年的学校23年来培养了一批又一批以中华传统文化为根基的、成功的学习者和合格的世界公民。人性化建筑风格的校园,形成了"平而不庸、和而不同"的学校文化。

学校的掌门人,是在教育界颇有名气的"网红校长"万玮,从不敢发言到一年20场脱稿演讲,这位数学专业出身的理科生

万玮校长

总是精彩观点和金句频出。复旦大学毕业后他就到平和学校工作，从一名普通数学教师、班主任成长为学校的校长。教龄23年，担任校长6年，他与平和学校互为见证者，共同成长，在教育的舞台闪闪发光。

最近，作为总校长的万玮在平和教育集团成员校光华中学进行的演讲"学校教育为什么要创新"再次被刷屏，他阐述了"颠覆式创新"和教育剧变引发的思考，家长们会有这样的疑问：为什么老师教我儿子的方式跟我小时候一模一样？这么多年来竟然没有变化！

在万玮看来，教育尤其是民办学校教育理应成为教育改革与教育创新的先锋。从2016年开始，平和尝试走出去办学。光华中学是2016年平和第一所管理输出的学校。2017年，平和又委托管理了位于浦东张江的筑桥实验小学。2018年9月，平和输出管理与品牌的九年一贯制学校青浦平和双语学校也开张了。平和教育集团成员学校的参差百态对本部学校也产生了影响，学校整体发展呈现出勃勃生机。

师资团队是学校最重要的资产

澎湃新闻：平和的办学目标是什么？

万玮：平和是有理想的学校，我们志在从一个微观的领域探索中国教育走向世界、走向现代化、走向未来的目标与路径。平和将伴随着中国本土教育改革的大潮，朝着世界一流水准的中国学校进发！

澎湃新闻：学校对于教师选拔有什么样的要求，对教师有哪些培养举措？

万玮：师资团队是学校最重要的资产，对于资产增值，学校十分重视，每年至少有超过七位数的投入。

平和专门成立了一个部门，叫教师发展中心，类似世界五百强企业的人力资源部门，教师发展中心负责从教师的招聘到入职培训以及职后的专业发展。一所好的学校不仅为学生设计课程，也为教师设计课程。平和教师发展中心设计了平和的校内教师专业发展体系，包括教师的校内职称体系、各类可转化为学分的教师课程、教师社团、校本课题研究等。

多元化、可选择，轻负担、高质量

澎湃新闻：学校招生时看重学生哪些品质？如何培养学生在高中三年掌握和具备通用的技能和品行？

万玮：平和是十二年一贯制的学校，招生有三个学段，各自的要求不太一样。

幼升小的招生，主要是面试，不要求学生有任何的学科基础，主要是看学生的表达能力、想象力、逻辑思维能力。

小升初的招生，看学生小学阶段的成长记录手册、基本的学科情况，再对学生进行一对一面试，考察其综合素质，看潜力，对于学生的语言表达、自信心、兴趣特长等进行综合判断。生源以本校五年级学生直升为主。

高中阶段的招生，分笔试和面试。笔试考英语和数学，数学内容的考查就是以国家课程的要求为标准，没有奥数要求，水平略高于中考；英语的要求比较高，是由外教出的题。学生如果托福考到90分，英语笔试可以免考。面试时看口语，核心是中文的面试，看学生有没有独立思考的能力。

2018年高中招生180人，2019年预计增长到200人左右。

我们希望能改变评价方式。平和学校在小学直升初中与初中直升高中时都有面试，初中升高中的面试尤其重要。对于那些善于独立思考、兴趣特长突出的学生,即便学科成绩一般,也会重点加以考虑。

澎湃新闻:国际课程如何与传统课程相互借鉴和互补融合?

万玮:平和课程在体现"多元化"和"可选择"的原则的同时,力争达到轻负担、高质量,突现平和双语教学等办学特色。

平和学校在一至九年级实施国家课程,十至十二年级引进国际课程。国家课程国际化,国际课程本土化,通过多年探索,逐渐在校内形成了十二年课程的有效衔接。

平和学校招收的是本地学生,实施国家课程既是义务教育法的要求,也是我们多年教育实践的认知结果。选择平和的学生大多在高中读国际课程或直接出国读书,因此在基础教育阶段打下扎实的学科基础,尤其是把母语学好,就显得特别重要。这些孩子要参加中考,但目标不只是中考,因此如何兼顾中考需求并能

平和双语学校关注学生的心理健康

够与高中国际课程衔接，就成为平和学校课程体系建设的重要任务。三年前，我们开始在义务教育阶段实施融合课程，试图将西方教育的先进理念渗透进国家课程的实施中。

培养未来社会人才的必备技能

澎湃新闻：人工智能时代，教师职业会消亡么？

万玮：大数据、人工智能对于教育的影响是很大的，现在学生和老师使用的慕课、网络教学等都与此相关。我们也在校内建了小型实验室，进行 PAD 教学，但是这也还是小范围内新型教学法的尝试，我们对此还是持相对谨慎态度的。

我看到一个预测，说"未来十到二十年，我们今天大部分职业可能会被人工智能取代"。对此，我仍持有乐观的态度。我想"未来大部分职业消亡的时候"一定会有很多新的职业产生，而

阳光有活力的平和学生们

这些职业可能是人工智能干不了的，或者暂时干不了的，还得需要人来完成。

教育主要还是对人的教育，学生与教师之间面对面的沟通是不可替代的。目前人工智能对于传统学校还无法加以改变或颠覆，国内外也有一些小型的尝试，但是没有改变教育教学的本质，即对人的培养。教师通过一对一或面对面的沟通教育学生，以及人格的培养和渗透，这是人工智能目前做不到的。

我们要培养什么样的学生来面对未来的世界？除了学校教育面临着革新，家长和家庭教育也要进行改变。我认为，独立并学会选择、克己利他、坚持努力，将成为未来社会人才的必备技能。

既关注学生未来，更努力做好当下

澎湃新闻：学生的生涯规划为何很重要？

万玮：对于生涯规划目前国内体系的学校也越来越重视，国际教育对生涯规划更有优势，因为西方教育强调的就是学生的自我认知。

如 IB 课程的基本理念就是 Education for Life（终身教育）。其宗旨是通过全面而均衡的课程体系和严格的评估，帮助各 IB 学校实现发展学生才智、教会学生将课内知识与课外实践相结合的教育目标。除了智育方面的严格要求和学术的高标准外，IBO（国际文凭组织）更强调学生的国际公民意识。IB 学生应成为具有批判精神和同情心的思想者、终身学习者、见多识广的本地区和世界事务参与者，并且了解人类共有的仁爱，尊重不同文化及人们对事物看法的多样性。

生涯规划的核心就是自我认知，国内体系有一些弊端，比如不少孩子都是被安排长大的，缺乏独立思考的空间，一直到大学毕业,都很迷茫,不知道自己就读的专业今后要干什么,因为当初专业也往往是家长或老师帮忙选的。

国际教育则给学生选择的空间,本质上就是生涯规划,要让孩子知道自己擅长什么,喜欢什么,如果整天把学生关在教室里是做不到的,只有让他们参与社团,参与社会实践,在人际交往过程中,才能自我认知,才知道自己究竟想干什么。

澎湃新闻: 在培养学生独立自主的品格方面,学校有什么独特的举措?

万玮: 平和的校园文化是"平而不庸,和而不同",我们提倡培养"五自"精神,分别是自主、自由、自然、自信与自省,因此平和学校的学生有一种独特气质。"五自"的核心是自主,培养学生的自主精神,自主行动,独立生活,独立思考。我们提倡全人教育,把人当作一个有思想有情感的个体而不是考试机器来看待,关注人的综合能力的培养,重视培养学生学术能力的同时,更关注学生的心理健康、个性特长。平和学校有学生社团超过100个,都是学生自发组织的。得到锻炼的学生气质优雅、乐观阳光、多才多艺、善于表达。

我们重视艺术和体育,艺术与体育教育看似无用,实则伴随人的一生。中国传统教育模式中招收艺术与体育特长生,看似是专业人才培养,实则是一种功利化倾向的培养。平和有一支超过500人的学生艺术团,包括交响乐团、民乐团、合唱团、音乐剧社、爵士乐团、管乐团等,每年举行新年音乐会与夏季音乐节。校内还有各种体育社团与校运动队参加上海国际学校体育联盟的各种比赛。

我们还注重跨学科的整合,提倡实景教学,即教育要跟生活相联系,学习才有意义,学生也才会有兴趣。比如秋游中,语文和艺术老师共同出题,让学生用古诗词配画;"光与影"的暑期实践课题,把物理学的原理和艺术融合;家政课上要求每个同学回家烧一道菜,拍成短视频,并用英文进行介绍。

总体而言,学校尊重学生生命成长规律,尊重教育自身规律,以学生的健康成长和全面发展为本,全面实施素质教育;注重教育过程中学生的经验和实践,强化创新意识和能力的培养;坚持中国基础教育与西方教育优势的结合、中西方文化精髓的结合、科学精神与人文情怀的结合。

教育的最大魅力就是让每个学生拥有希望
——对话上海市民办尚德实验学校校长姜晓勇*

走近学校

尚德实验学校建校于 2003 年，由上海尚德教育投资发展有限公司投资兴建，招收幼儿园、小学、初中到高中的学生，实行寄宿制。

学校面向世界，瞄准未来，适应学生和社会发展，定位于实验性、示范性、个性化、国际化，办成上海乃至全国的品牌学校。学校致力于营造启迪心灵、安全祥和、富有挑战、多元融合的学习环境，帮助学生合作创新，发展潜能，积极参与社会，成为终身学习者和负责任的公民。

学校获得了上海市文明单位、上海市依法治校示范校、浦东新区十佳科技教育特色学校、上海市科技教育特色示范学校、全

---

* 姜晓勇，尚德实验学校、尚德幼儿园创办人、校长，工商管理博士，上海市工商联民办教育协会副会长。曾先后担任建平西校和建平实验学校的首任校长，使这两所学校成为上海一流的品牌学校，赢得社会广泛赞誉。他管理经验丰富，善于借鉴、融合、反思、创新，具有终身学习的理念，是一位风格独特、注重实干、脚踏实地、勇于开拓的教育管理者。

尚德实验学校校景

国生态文明教育示范学校、上海市中小学心理健康教育示范学校、上海市艺术教育特色学校、上海市语言文字规范化示范学校等荣誉称号。

对话姜晓勇

在尚德实验学校的学生中流传一句顺口溜:"尚德的饭菜尚德的床,尚德的师长和老姜。"这里的"老姜",便是尚德实验学校的校长姜晓勇。

姜晓勇是个特别的校长,他最与众不同之处,是与师生的书信往来。在电子产品已经铺天盖地的当下,他仍然坚持写亲笔信与学生谈心,所以学生们都熟悉这位不一般的"书信校长"。

从20世纪80年代做老师的时候开始,姜晓勇就开始给学生写信,通过书信这种非常传统的沟通方式,和学生进行交流和沟通。

2006年3月,姜晓勇甚至给尚德初三的298位学生每人写了一封信,每封信都因人而异,各不相同。这298封信,他整整写了20多天才写完,到最后连手也抬不起来了。

最近几年,姜晓勇的工作越来越忙,于是他又想出了新办法——给全校学生写公开信。每一封信都打印出来,分发给全校5 000多名学生,学生还可以把信带回家和家长一起读。

姜晓勇校长

从2011年至今,他一共亲笔给学生写了50多封公开信,内容包括阅读、学习方法、为人的修养等方面。"书信是中国人最传统的交流方式,除了当面的语言沟通,我认为书信交流是最朴素的,也是最有效果的。"姜晓勇说,"我们那个年代没有手机,没有微信,和自己的爸爸妈妈、爱人、朋友,都是以书信的形式交流。中国也有很多有名的书信,比如曾国藩家书、傅雷家书等。"

毕业已11年的杨赞几个月前回母校做讲座,记忆最深刻的是姜校长要求尚德的每个小学生都要学会游泳,每个中学生要学会一门乐器,正是这样,才启发了他走上了艺术探寻之路。杨赞说,正是老师同学们的鼓励与支持给了他不断前行的信心,是尚德丰富的课内外活动给了他成长的空间和平台,尤其是尚德大会堂的舞台让尚德学子尽情挥洒艺术才华。在阔别母校的11年里,"对人感恩,对己克制,对物珍惜,对事尽责"十六字的尚德师生行动指南一直陪伴他,鞭策他不断前行,并且让他找到了奋斗的方向。2014年从美国马萨诸塞大学毕业回国后,他一直致力于中国传统文化的学习与传播,创办了自己的文化公司,以国乐为载体,将中国优秀文化内涵进行国际推广。

2018年从尚德IBDP毕业的曾柳春霖,在尚德学习和生活了12年,成绩优异,获奖无数,是一个典型的学霸。但他最感激的,是校长让他学会内省,"一直被挂着完美主义者的标签,在尚德的12年价值观经历了非常大的转变"。曾柳春霖坦言自己一直是个很内向的人,以前的他渴望被别人认可,自我价值建立在成绩上。但随着对世界认知的不断拓宽,他开始重新定义自我价值。正是对自我的准确定位和勇敢挑战,经历了内心的彷徨和成长,曾柳春霖以出色的学术表现如愿以偿进入美国芝加哥大学心理学专业就读。

而这两位同学,是姜晓勇心中理想学生的代表。

毕业典礼

理想的学生：有梦想有追求，更要脚踏实地

澎湃新闻：您心中理想的学生是什么模样？

姜晓勇：关于我心中理想的学生，我曾经给学生们写过一封信，叙述了我对学生们的期望。

我心中的学生应该品行端正、善解人意、热爱生活、富有理想、朝气蓬勃。这个世界上，一个没有爱和同情心的人是不健康的。苏霍姆林斯基说，一个人如果连他的母亲都不爱，他还能爱什么？孩子们，爱心无价，我希望尚德的孩子都有爱心和同情心。

每当得知有个别学生对父母大吵大闹或离家出走时，我都深深陷入痛苦的思考：孩子们，你们怎么毫不顾及父母师长的感受呢？

孝满天下是中国文化的专利，"孝"这个字用英语任何一个单词都是翻译不出来的，一定是要用两个单词才能贴近中国人的这个"孝"：儿女的"虔诚"与"尊敬"。

我心中的学生应该积极进取、乐观向上、敢于创新、敢于标新立异、富有个性、富有自己独到的见解和思想。

我心中的学生，应该自信自强、永不放弃、在困难和挫折面前不服输、不低头，充满旺盛斗志和乐观精神。

我心中的学生，应该有丰富的精神生活、一辈子都读书、有广泛的兴趣爱好和一定的特长。

我心中的学生，应该善于和人相处、乐于与人合作、有着和谐的人际关系。

我心中的学生，应该有着扎实学业基础、善于学习、勤于思考、有丰富想象力并能掌握科学的学习方法、善于赢得最高学习效率。

我心中的学生，懂得反思，知道感恩，能清醒地认识到学习

是自己的事情。

今天，各行各业都在创造中国梦。一名学生，在他童年、少年、青年时期一定要有美好梦想。理想是一个人腾飞的翅膀，一名满怀理想的学生，他的生活一定是很充实的，有了理想才会有方向，有了理想才会有动力。

中国古代将树立远大理想称作"立志"，历代学者、有识之士，都把立志作为学习的必要条件。孔子曰："三军可夺帅也，匹夫不可夺志也。"明代学者王守仁说："君子之学，无时无处不以立志为事。志不立，天下无可成之事；志不立，如无舵之舟，无衔之马。"

学生心中要有梦想，要有追求，但也要切记，不能好高骛远、脱离现实基础与条件。"千里之行，始于足下。万丈高楼，起于垒土。"任何理想的实现都应该脚踏实地，做好当下每件事，做实每件事，读好每本书，读透每本书。只有这样，才能满怀激情地拥抱理想，走向明天！

教育有规律：幼儿重玩、小学重乐、初中重礼、高中重德

澎湃新闻：社会上对于教育的焦虑现象越来越严重，不能输在起跑线上的过度竞争造成了幼儿园小学化、小学初中化、初中高中化的现象，您如何看待这样的现象，您有什么建议？

姜晓勇：过早抢跑的现象是对教育最大的伤害。

其实在孩子成长的不同阶段，教育的侧重点应该有所不同。

第一，幼儿重玩。

我个人认为，能否培养孩子的情感表达能力、艺术和体育能力是衡量一所幼儿园好不好的重要指标。全世界的幼儿园都是如此。

值得注意的是，孩子的情感表达能力中最重要的是负面情感的表达，也就是孩子的哭和闹。

我们有时会有这样的体会，平时孩子好好的，但是越到亲朋聚会你希望孩子好好表现的时候，他就越容易闹。这时我们往往会努力制止孩子的哭闹，但实际上孩子内心一定是有什么情绪要表达，如果长时间不给孩子表达负面情绪的机会，孩子的情绪表达需求就被压抑了。

如果把情感表达、艺术体育能力这两块培养好，那么这个幼儿园就已经很到位了。

在幼儿园，孩子学习多少知识并不重要。事实上，我们成年人还会记得多少从幼儿园学到的东西呢？我们能够记得的都是一些常识性的东西，比如要排队、见人要问好、请别人帮忙要道谢等。从幼儿园学到的这些习惯和常识，一个人如果能够保持一生的话，就已经非常不容易了。

第二，小学重乐。

今天的基础教育中，由于过度竞争造成了幼儿园小学化、小学初中化、初中高中化的现象。在这个过程中，很多孩子受到挫折，产生了厌学情绪。

当然，学习都是艰苦的，但是小学阶段的最大任务是要保持孩子天生的好奇心和好胜心。老师和家长应该像爱护自己的眼睛一样，尽全力爱护孩子的好奇心和好胜心。

好奇心比较容易理解，适度的好胜心在某种程度上和适度的焦虑一样，是学习的动力。学习过程中不可能一点都不焦虑，也不可能完全没有要求。

在小学阶段学习习惯的培养也是非常重要的，其中一个最重要的习惯是日清日毕，也就是"今日事，今日毕"。这个习惯会使孩子受益终生。如果仔细观察就会发现，很多成年人之所以工

灵动的课堂

作效率高，就是因为从不找借口，坚持日清日毕。

第三，初中重礼。

这里的"礼"是指礼节、习惯，是道德雏形的教育。

说到这里，我想谈一下对"仪式感"的看法。随着现代生活节奏越来越快，很多传统仪式逐渐被人们所看淡。但我一直认为，仪式感是孩子进入某种社会角色的必要因素。

春秋战国时期的诸子百家，是中国文化鼎盛的黄金时代。诸子百家中，儒家的孔子一再强调"周礼"。何为"周礼"？"礼"，就是仪式。孔子认为，社会混乱的局面是由"礼崩乐坏"造成的。所以，仪式代表了秩序和礼节。

西方的一些传统仪式保留至今，比如，婚礼仪式、唱诗仪式，这很耐人寻味。再比如"5·12"汶川地震中，国人举办的哀悼仪式和表现出的礼节到今天依然震撼人心。孩子在一生的成长教育中，他必须经过这种仪式的熏陶，才能得到精神上的升华。

从某种角度来看，仪式和排演课本剧的效果有些相似。课本剧帮助孩子体会和揣摩课本中人物的情感和心态；而仪式能够加深孩子对仪式所代表的精神的领悟,使孩子快速进入社会角色,从而付诸实践。

初中阶段还应该适当渗透人生目标和人生规划方面的教育。在我国,中考是个分水岭,是否考上高中决定了一个人接下来是走向高等教育还是走向职业生涯。所以,这个阶段必须进行一些人生规划。我们国家目前在这方面的教育仍旧很缺乏,需要加强。

进入中学之后,要直面中考、高考等重大考试。我们要积极面对考试,同时要充分认识和发掘这些考试在培养孩子优秀品质方面的作用,培养孩子坚韧、有毅力、持之以恒、吃苦耐劳等优秀品质。如果只是单纯应付考试,将是教育最大的悲哀。

第四,高中重德。

这里的"德"指的是人生观、价值观体系的建立。要坚持人文精神,重视引导孩子的价值体系,特别是历史、地理、哲学、艺术等方面的教育。如今高考制度改革,越来越关注学生的综合素养,全方位的科学评价对于孩子的人格养成、价值体系的形成是有好处的。

最后,对于培养目标,我觉得不需要用什么高深的语言来进行粉饰,一个人能做到"像模像样"就不错了。比如出国的孩子都能像模像样地出去,像模像样地回来,我觉得就对得起我们的民族和每个孩子的家族。我做校长从来不谈升学率,从来不跟老师要求成绩,我只要求老师在教育过程中走得扎实。我认为教育过程走得扎实,教育的结果一定会好的。

中高考改革并没有增加负担,教育要着眼长线发展

澎湃新闻:全社会都在关注高考改革和中考改革,有家长和学生认为,现在考试的门数越来越多,是加重了学生的负担,您怎么看?

姜晓勇： 我的回答是：没有。

要想真正实现孩子健康、幸福、美好的生活，我们必须得知道教育是以哪些形态存在的。世界上，无论是白人、黑人还是黄种人，在教育上的存在形态，一定是以下五种：熏陶、主题学习、训练、自由探索和评价。

第一，熏陶。家风、校风、学风，对孩子最重要的影响是熏陶。父母的言行举止，父母的待人处世，老师的言行举止，老师的待人处世，是对孩子熏陶过程中重中之重的因素。所以我们在待人接物上，请永远记住，做人诚信不诚信，对孩子是有终生影响的。一个学校的老师，怎样得体、非常富有情感地、明理地向孩子诉说一切事物，是对孩子有终身影响的。

第二，主题学习。我们学习的所有课程，数学、物理、化学、音乐、体育、美术，包括课外活动，都是主题学习。上海的中考、高考，以及全国的中考、高考发生了很多的改革。对于改革，有很多人说过去是五个学科的考试，现在考这么多，加重了学生的负担。有人问我，是不是这样？我的回答是"NO"。请你们记住，当一所学校为学生的升学考试负责的时候，它的后面是培养学生终身学习。基础教育，并不是只为叩开升学之门，而是打下学生的终身学习的基础。一个人步入社会，他所拥有的一切、缺失的一切，并不是由我们考试的学科可以决定的。历史、地理、道德、社会、艺术、美术、体育，对他今后的幸福人生的影响不比走遍天下的数理化要小。因为一个时代有一个时代的教育主题，一个时代有一个时代的职业归宿。今天的孩子，教会他主动探索地学习是非常重要的。

第三，训练。全世界的教育都有训练。训练，不是中国教育的专利。我认为，中国的教育缺少训练。而训练，不能是主题的训练，一个钢琴演奏家如果不经训练，如何能够熟能生巧，弹出天籁之声？但是今天，当孩子做作业的时候，当孩子做试题的时候，当孩子为了一道问题在那里苦思冥想的时候，社会上就说那是"负担"。请记住，一个孩子要想学习优秀，教育要想效率高，世界通用的是深度读书，世界公认的是要有足够的时间保障学习，世界公认的是要有充足的训练，世界公认的是要有一个好的老师。因为"寒门"与"贵子"之间，有一所好学校、好老师，才能够使穷人的孩子真正早当家。

第四，自由探索。如何让我们的学生能够自由探索？我们怎样能够使我们的孩子自主建构？一个不好强、没有好奇心、没有争强好胜心的孩子，是不可能顶天立地的。尚德，在教育过程中会拿出很多的时间，拿出很多的资源，拿出很多的空间，让我们的孩子自由探索。如果你到过尚德，你会发现尚德在科创、艺术、人文、国学、音乐、美术等方面，都给孩子提供了广阔的空间。只有培养孩子的好奇心，只有培养孩子的兴趣，只有让孩子争强好胜，他才有可能出人头地。

第五，评价。我们的老祖宗说，吾日三省吾身。我们现在的教育中缺少对孩子进行自我评价引导，也缺少对孩子的激励性评价。

比如一个孩子考试考了 72 分，很多家长会责怪孩子考得太差。这时孩子马上就会启动"防御机制"了：我后面还有 30 多个同学呢！如果家长看到孩子的成绩说："我们一起来看看这些题目是怎么错的。哦，这个题目挺难的，我也不会。"这时孩子可能就产生动力了。我们现在缺少这样的激励性评价，无论是老师还是家长往往都吝惜对孩子激励性的语言。

学习是自己的事，自己的事自己做主

澎湃新闻：现在家长陪孩子做作业而有了心病，导致家庭关系不睦，您认为根源在哪里？又该如何解决？

姜晓勇：我一直倡导学习是自己的事，自己的事自己做主。无论是陪做作业，还是每年中考和高考成绩出来后，都有许多学生潸然泪下，悔恨交加，甚至整个家庭都陷入痛苦之中，幸福指数骤然下降。每年这个时候我也一样有痛苦，有深思：为什么有的学生不能把握自己，为什么没有真正把学习当成自己的事呢？我想这是因为他们没有从内心建立起渴望成功的心理需求。哈佛大学曾用25年时间对近万名毕业生跟踪调研，结果发现仅3％的人有清晰而长远的目标，最终他们成为顶尖的成功人士；10％的人有清晰但比较短期的目标，他们成为专业技能人士；60％的人目标模糊，事业平平；27％的人没有目标，工作极不稳定。所以一个学生在读书时就要有自己的生涯规划，从心底里喊出："学习是自己的事，自己的事自己做主！"激励自己朝目标前进。我建议同学们要做到或努力做到：

一要化被动学习为主动学习，这是每个学生都要面对的。要懂得只有主动学习才能使自己进入学习佳境；如果你从小缺乏学习主动性，那你在人生各个关键时期一定会痛苦的。

二要懂得为目标学会放弃其他的欲望，知道自己目标在那里。要抵制各种诱惑，不断设法提高自制力。

三要明白人有适度的焦虑是必要的。俗话说不着急不上火的人是无"心"的，适度的焦虑会产生压力，有了压力往往才能使人认真做好一件事。

四要乐观地迎接学习上的挑战。人生最痛苦的事是看不到尽头，看不到希望，但丁在《神曲》中对地狱之门的描写是："进入此门者放下你的希望。"没有希望的地方就同地狱一般，人一定要看到希望，才能开发情绪的力量，活出不一样的人生。

五要在乐趣中表现出高效率。要全神贯注眼前的事，并且让这件事的难度高于自己的能力，富有挑战性。有的学生告诉我自己喜欢某个学科，但我从他的学习过程中看不到全神贯注，他的学习结果并没有优势，所以必须要做到高效率。

六要培养好奇心。希腊哲学家常说"哲学起源于惊奇"，一个学生有天生的好奇心才会对未知的学习领域加以探索。

七要建构自信。人生最重要的就是自信，自信就是相信自己有能力，可以面对挑战，并且迎接挑战。

人的一生是努力学习的一生，是不断自我超越的一生，然而真正的超越是内心自我的超越。在这个伟大时代中把握好自主、合作、创新的精神元素，在受教育过程中激荡心智，贞立人格，沐浴灵府，彰显个性，使自己真正成为受过教育的人。

无惧人工智能时代，让学生享受适合的教育

澎湃新闻：人工智能时代已到来，会颠覆我们的教育么？尚德将如何应对？

姜晓勇：教育孩子是我们所有事业中最重要的事业，教育的最大魅力是让每个学生拥有希望，要想让学生真正拥有希望，就要为学生的终身发展奠定好基础。让学生形成乐观的人生态度，感受到生活的美好、人性的美好，在内心世界打下亮丽的底色，成为正直、正念、正能量的人。

尚德教育不仅致力于对学生的升学考试负责，更致力于对学生一生的幸福人生负责。

教育的最高境界就是让学生享受适合自己发展的教育，就像鞋子穿在自己脚上才知道合适不合适，舒服不舒服一样。如何创造适合学生的教育呢？第一，要永远铭记学生是存在差异的；第二，要尊重学生的情感，切记爱自己的孩子是本能，爱学生才是神圣；第三，要释放学生的潜能。十五年来我们努力打造最适合

学生发展的教育，这种适合学生的教育就是一种和谐发展的教育，就是有骨有肉、接地气的教育。

  我们相信尚德在人工智能时代、工业4.0时代、大数据时代，仍然坚持感性与理性的结合，教育的热情与温暖结合，优秀管理者博学与忠诚相结合。尚德大数据显示，我们的管理者几乎都是刚大学毕业就紧紧跟随我从事教育事业，他们把青春年华都贡献给了尚德，在我心中他们是最可爱最忠诚的尚德文化的缔造者和坚定的执行者。尚德大数据显示，我们的师资队伍平均年龄33岁，管理团队平均年龄39岁，是一支非常有朝气的团队。《礼记·学记》中说："善歌者使人继其声，善教者使人继其志。"我们相信尚德的全体师长，学高为师，身正为范，一定能用他们的忠诚、敬业、无私，帮助学生打下终身学习的基础。

让学生像树一样成长、像花一样绽放
——对话上海枫叶国际学校校长陈林生、副校长阮俊*

走近学校

枫叶教育集团于1995年创建，在国内外20多个城市开办学校近百所。秉承"中西教育优化结合，实施素质教育"的办学理念，形成集外籍人员子女学校、幼儿园、小学、初中、高中为一体的多层次高品质的国际教育体系。枫叶教育集团开设中加两国优化课程、开创独特的双语双学历教育模式、创立小学"快乐教育"、初中"三好习惯养成教育"和高中"理想教育"的育人体系。

上海枫叶国际学校创办于2013年，隶属于枫叶教育集团，是上海市教委首批21所试点国际课程学校之一。学校坐落于

---

* 陈林生，枫叶教育集团副总裁兼中方校监，上海枫叶国际学校校长。他专业功底扎实，教学追求创意，课堂生动活泼，深受学生喜爱，是湖南省骨干教师。2000年8月加盟大连枫叶国际学校，开始了国际教育领域的探索与实践；2007年被派往武汉建校，用5年时间，成功将武汉枫叶国际学校打造成了湖北省名校。2015年8月赴浙江义乌枫叶国际学校兼任总校长，2017年6月起兼任上海枫叶国际学校总校长。阮俊，上海枫叶国际学校副校长兼总领事，加拿大皇家大学教育管理与领导力硕士。其教育格言是：阅读，越深入让人越安静；教育，越经历让人越柔软。

上海枫叶国际学校校门

上海市金山区枫泾古镇。学校目前开设初中和高中，是一所覆盖6—12年级的完全中学。现已有来自中国和加拿大、美国、澳大利亚、新加坡、俄罗斯、瑞士等国的中外学生共约1 100人。

对话陈林生、阮俊

乘"枫"起，征万里！

"是家长们明智的选择、自己的努力成就了你们，是枫叶先进的理念、老师无私的爱心成就了你们，是我们国家最好的时代成就了你们。"在2019年6月8日下午举行的上海枫叶国际学校2019届高中毕业典礼暨成人礼上，上海枫叶国际学校副校长兼总领事阮俊和加拿大方课程校长马克·威驰送给这些即将到海外求学的学子们三点希望：第一，希望他们不要忘记自己的祖国；

陈林生校长

第二,希望他们不要忘记自己的父母;第三,希望他们不要忘记自己的母校。

"做教育,就像农民种庄稼一样,不要指望一季收成就很好,必须在土壤上长期地耕作。教育就像农业,特征是慢,更要有耐心,要能够沉得住气,静得下心。"阮俊对澎湃新闻记者感叹,天道酬勤,六年前上海枫叶学校刚建校时,只有70多名学生,如今声誉渐隆,现在的学生人数已经超过一千人。

枫叶学校也有明确的培养目标,那就是培养国际化的精英人才。陈林生校长表示:"我们不是仅仅把学生送出国,而是要为他们的终身发展奠基,让他们能够站到全球的高点上,做出有益社会的成就。"在陈林生看来,"人皆可以为尧舜"不一定是技术高度,完全可以是品质素养。

阮俊副校长

用伟人精神引导未来精英

澎湃新闻：上海枫叶国际学校徐科同学荣获中国枫叶教育集团2019届优秀毕业生殊荣，阮俊校长为他颁发了荣誉证书。徐科同学已被美国罗德岛设计学院录取，他还是第四届"周恩来班"的班长，"周恩来班"是什么班级？

陈林生：立德树人是教育的根本。我们追求的不仅仅是世界名校的光环，更是在经过世界名校熏陶之后能够承担社会责任的精神领袖。

众所周知，一代伟人周恩来总理于中学时代就立下宏图大志，"为中华之崛起"而读书。他少年时期东渡日本，青年时期求学欧洲，追求知识，追求真理。为帮助学生树立科学的人生观、世界观和价值观，做有理想、有抱负的中学生，1982年，"周恩来班"在江苏省南京市首创，迄今已覆盖北京、天津等城

"周恩来班"命名仪式

市的中学,约有数百个班集体。

为帮助学生树立科学的人生观、世界观和价值观,培养学生的爱国情怀,枫叶国际学校于 2002 年开始创建"周恩来班",武汉、天津、重庆、镇江校区也都相继成立了"周恩来班"。"周恩来班"成为枫叶的德育旗帜。

上海枫叶国际学校的首届"周恩来班"创建工作于 2013 年 12 月启动。根据学校"周恩来班"创建方案,通过学生自荐、师生投票、太极考核及中英文面试等项目,经过长达 6 个月的考察期,确定了 27 名同学为上海枫叶国际学校第一届"周恩来班"成员。学校于 2014 年 9 月 15 日举行首届"周恩来班"的命名暨周恩来、复旦创始人马相伯铜像揭幕仪式。

枫叶国际学校要求和引导"周恩来班"的学生做到:有理想、有全局观念;有正气,大气;学习上进,成绩优异;模范遵守校规;尊敬师长;诚实守信;乐于助人;积极参与各类活动;

有良好的合作意识、团队精神和环保意识。

枫叶国际学校历届"周恩来班"学生在校内均发挥了积极带头作用，并成功申请进入世界一流大学。

在枫叶高中建立"周恩来班"，在枫叶初中建立"邓颖超班"，这是枫叶育人体系的核心追求，也是枫叶培养精英人才的目标定位。

阮俊：2018年3月29日下午，上海枫叶国际学校举行首届"邓颖超班"命名仪式。初二5班被正式命名为上海枫叶国际学校首届"邓颖超班"。

枫叶学校"邓颖超班"由中共中央文献研究室、周恩来邓颖超研究中心批准成立。一直以来，枫叶每个校区都以"周恩来班""邓颖超班"的创建作为加强学生德育工作的抓手，将"周恩来班""邓颖超班"的创建深入到教育教学各环节中。

上海枫叶国际学校首届"邓颖超班"的学生选拔经过前期宣传、家长和教师推荐、主题海报创作、主题演讲、成绩测评、组委会面试多个环节的筛选，最终16名八年级学生脱颖而出进入首届"邓颖超班"。

陈林生：初中阶段是人生成长的一个关键点，枫叶学子要逐步聚焦自己的发展目标，立大志，做小事，培养三好习惯，打开国际视野。艰难困苦，玉汝于成，幸福都是奋斗出来的。在枫叶中西教育结合的环境中，我们的学生应该能够乐观开朗，洋溢着活力，敢于面对学习上生活上的种种困难，因为我们已经坚定了理想，肩负着使命，创造着未来。

阮俊：我们希望"邓颖超班"全体学生把获得这一荣誉作为新的起点，在班级建设、校园文化、公益活动等各方面引领示范，以成长为国际精英人才为目标，成为全校学生的楷模。

将在上海扩建小学部

澎湃新闻：上海枫叶国际学校目前开设了初中和高中，是否考虑过开设小学？

阮俊：上海校区是枫叶集团的第八个校区，集团和上海校区这几年的发展速度都非常快，到2019年9月份，济南枫叶学校开学时，枫叶教育集团已拥有100所学校了。上海枫叶学校的生源除了上海和长三角之外，还遍布全国和全球，为了满足更多的社会需求，已经有开设小学部的计划，预计2021年招生。

澎湃新闻：不同的学段教学的内容和侧重点是否有所区别？

阮俊：是的。我们有分学段的教学重点和教学计划。

枫叶高中是加拿大海外高中，秉承"融汇中西，优化结合"的核心办学理念，中加两国高中课程高度融合，采用中外教师教学，其中外教课占总课时80%。

枫叶高中开设中国语文和中国社会学（政治、历史、地理）等以文科为主的课程，由中国教师中文授课，使学生在学习西方先进学科知识与方法的同时，保留了民族的优秀文化和价值观。

加方开设数学、物理、化学、生物、信息技术、成长规划等以理科为主的课程，与加拿大高中原版教材同步，由加方具有教师资格证的教师全英文授课；中加双方学分互认。枫叶高中学生不参加中国高考，学生的未来成长规划由学生依据高二、高三阶段个人兴趣和特长选择对应的专业方向的必修课和选修课，高三时凭枫叶在校成绩单面向全球英语国家申请大学。

枫叶初中实行"一个引领""三级课程""两个目标"模式。"一个引领"是指以三好习惯为引领，培养学生良好的学习习惯、生活习惯、行为习惯，形成优良的个人品质。"三级课程"即实行国家课程、集团课程、校本课程三级课程体系。"两个目标"是指初中学生毕业后，既能更好地对接枫叶高中的学习要求，同时也能满足普通高中的学习要求。

初中阶段通过系列化的学习习惯、生活习惯、行为习惯养成教育，奠定学生未来发展的坚实基础，培养学习自主、生活自理、行为自律、开朗自信的阳光少年。完整开设国家规定课程，增设枫叶多元文化课程、社团活动等校本课程；突出枫叶英语教学优势，中方英语老师与持 ESL 资格证书的外教英语课形成优势互补，每周 10 节英语课，中教 5 节、外教 5 节，让学生有足够的时间学英语、用英语。英语优势、三好习惯、综合能力架起通往枫叶高中的理想之桥。

课程是学校的灵魂，是一所学校办学特色和个性发展的集中体现。课程的质与量是衡量教育水平的核心指标。今后计划开设的枫叶小学部也同样奉行中西教育优化结合的办学理念，致力于培养具有扎实的文化知识、突出的英语优势、独特的一技之长的学生。在多年的探索与实践中，通过课程开发与建设，枫叶学校使课程延伸到学生成长的所有领域，关注全体学生学习生活的每一个层面，形成了具有鲜明特色的三级课程体系。

国际教育博览会，不出校门
获世界名校 offer 和奖学金

澎湃新闻：枫叶学校独创了一年一度的国际教育博览会，设立的初衷是什么？取得了什么效果？

阮俊：枫叶国际教育博览会于每年的 11 月中下旬举办，是为我们的毕业生申请国外大学创设最为直接的通道，这是枫叶的独创空间，更是枫叶学子的机遇之门。每年加拿大、美国、澳大利亚、瑞士、英国、丹麦、日本、阿联酋等多个国家和地区的近百所高校的 100 多位招生官从世界各地赶到上海和我们的学生零距离接触。院校的类型分布较为广泛，从世界顶尖的大型研究型大学到中小型教学型大学与学院，从世界著名的艺术类大学到酒店管理、技术型大学都有。除了现场发送 offer，还有不少学校为优秀学生现场发放奖学金。

"各位同仁，今天的教育博览会暨校园开放日在浓雾中开启序幕，在阳光中收获喜悦。本次活动设计有格局、师生展示有层次、服务体验有创新。9 个项目小组精细合作推进、学校全员集体行动，共有近 700 位客人走进校区感受大学展会、体验枫叶学校文化，这既是学校发展的突破，也是师生与全新的自己相遇，与美好的教育相拥。上海枫叶，因为全体员工的努力，她越发受人尊敬；因为全体员工的作为，她越发具有影响生命的力量。通过一件一件事情的'做'，我们踏出的每一步、取得的每一点进步，都写进了'学校不断在改变'这一过程里。结伴而行，可以走得更远。共勉！"

当 2018 年 11 月 27 日的国际教育博览会一结束，我即刻在学校的微信群里共享了上述这段文字。本次教育博览会相较过往，我们更加关注过程中的细节打磨：不能举行开幕式，我们就巧妙地利用时间差，设计了新闻发布会；为了让来访者在校园内享受到暖心的服务，每一处空间我们都用心推敲，就连来访者入校的线路，我们也反复斟酌，最终一改常规，选择从学校的右大门进入，且沿途所到之处，都有主题活动的呈现。

通过细节传递温度，改变的是服务理念。

选择开哪扇门看似一件微乎其微的小事，其实它传递了上海枫叶正在实现"从管理走向服务"的思维转型。校区要发展，我们就必须建立起"每一件小事都是校区发展的关键性事件"这一工作的决心和勇气。国际教育博览会就是机遇，我们必须把握好，赋予它深厚的内涵：对内要炼就服务型的团队，激发师生的主动意识，沉淀上海枫叶的文化品质；对外要提升社会影响力，体现上海枫叶的大气与融合，增加走出去的文化自信。

本次教育博览会结束后，我们收到了一位家长的来信，他说："在我的意识里，国际教育博览会这类高大上的事物，似乎与自己还有着蛮遥远的距离。很惭愧，未能静下心来融入那些参展院校的文化氛围里，也没能做到带着景仰的心情一一拜谒各大学府。更多的，只是以一个家长的眼光欣赏着来来往往的孩子们。从孩子们的言行举止中，我深切体会到两个词——彬彬有礼，落落大方。一进校门，走在夹道欢迎的队伍中间，带着蹭红毯的窃喜，我也观察着孩子们，他们一个个身姿挺拔，友善的目光中透露出自信。正想着该往哪里走的时候，随即就有学生跟上来做介绍、指引。走在校园里，不时就有学生上前来问需要什么帮助。展厅里，展位上的志愿者主动递上宣传材料，配合嘉宾热情介绍；还有许多学生手拿相机穿梭在人群中，努力捕获各个精彩瞬间。让人感觉不是在校园内，而是身处在大型企业的一群忙忙碌碌的白领之间。这一次在枫叶校园内，没见到普通中学生常见的懵懂、张扬，见得多的是成熟、稳重。作为家长，很欣喜地看到孩子们身上这么大的变化。"

当学生经历了为别人服务的过程，家长看到了孩子的成长；当学校把"由管理事转向服务人"作为工作追求时，学校的各项工作就会更有生机。如同总领事处段守博主任在总结时所言："做好服务，就是要以自我为中心向以他人为中心转变，始终让大家感受到温暖。"类似的事例在校区随处可见：楼层里可供学生小组讨论的个性化桌椅、更衣室里的鞋柜、公共空间的挂衣钩和物品存放柜、连廊里的彩色地垫、卫生间的门帘、阅读区和接待区的温馨布置，等等。

"我家大门常打开"的办学基调是不可改变的,上海枫叶的大门敞得越开,越能够从底部、从细微之处撬动学校的改变,越能彰显服务的格局,越能促进师生的成长。

领事制度,精英人才的人生导师

澎湃新闻:阮校长除了是全面执行上海校区工作的副校长,还有一个身份是总领事。请问领事在枫叶学校担负什么样的职责,与大家通常所认知的外国使领馆的领事有何不同?

陈林生:枫叶学校从1995年创办至今,一直坚持在国际化办学道路上探索创新。从第一届仅14名学生,到今天在校生达到30 000名,20多年的积淀,枫叶在课程体系、育人体系、文化体系、人才体系、发展体系等方面都形成了独有的构建与特色,为我国基础教育的多元结构和政治经济发展做出了自己的贡献。枫叶学校有如此强大的生命力,枫叶高中毕业生能够在日趋激烈的国际教育竞争中立于鳌头,凸显优势,其中一个方面,与枫叶自主开发的"领事课程"有密切关联。我们把人生与设计、理想与规划、规则与自由、合作与竞争等重大课题,通过案例教学、研究性学习、社会实践、志愿者服务、公益慈善等形式,使学生思想趋于成熟。

枫叶高中没有班主任,只有领事,这也是枫叶实施素质教育的重要举措。领事的角色似乎与班主任一样,但其实区别还是比较大。作为专职学生管理的岗位,领事要帮助学生疏通心理、充实精神、规划学业、申请留学等。

阮俊:枫叶高中实行管教分离模式,领事作为学生在校期间的第一负责人,不仅要做好教育引导和管理工作,而且要通过扎扎实实的领事课程来提升和引领学生走向精英化之路。高中总领事处将通过领事管理课程化的途径,围绕理想教育的核心主题,引导学生规划好自己的人生,获得满意的学业成绩,进入适合的国外大学。根据枫叶教育对领事工作的要求和领事队伍的不断专业化发展，我们结合实际，制定了三大板块的课程内容：一是常规管理课程，二是文化引导课程，三是学业管理课程。所以，我们要求所有担任领事的教师必须具备很高的综合素质：一要深谙教育学、心理学，能够从教育者的角度为学生的成长服务，开展心理疏导和成长引导；二要敢于管理，善于管理，具备成长导师素质，构建和谐文明的优秀班级团队；三要熟知枫叶课程体系，帮助学生明确个人发展目标，不断实现个人成长规划，给家长提供学生升学和留学的相关指导；四要能够按照枫叶理念备课上课，服务学生的成长需求，为学生的学业提升保驾护航。

学生参加社团活动

家校理念统一，挖掘学生潜力

澎湃新闻： 一些在国内体系中被认为没有前途的孩子接触国

际课程体系反而如鱼得水,在枫叶学校是否有这样的情况?对于家校共育,枫叶又有什么标准?

阮俊: 不少在国内体制学校考不进高中的所谓"差生",到了国际课程体系中,一路"开挂",最终考入世界著名大学的,在枫叶学校比比皆是。

要问原因是什么?就是让学生从被动学习变为主动探究,学习动力产生了变化之后,就相当于解放了学生,解放了他的大脑,解放了他的双手。此外,我们不断地去给学生创造展示机会,让每个学生都有展示空间,释放学生的本真,让学生能够真正去找回自己潜藏在体内的特长,个性都被充分地挖掘释放出来,对于这样年龄段的学生来说,其实是很能够出成果的。

对于家长来说,是否用心关注孩子的成长,其实是有很大差异的。家长不一定能够在学业上面给孩子起多大的指导作用,因为很多家长不懂英语,但只要能够和学校保持教育的一致性,孩子就一定能成长得很充分。

改变一点点,就能一点点改变

澎湃新闻: 枫叶学校对于老师有什么要求,又如何给老师提供更大的成长空间?

陈林生: 工作就是做事,做事就要做得有意思,因此,我们鼓励综合创新。创新源于对工作创意的追求,这体现的是一种境界,一种情怀,也是枫叶文化内涵的体现,这需要管理者以更包容、更开放的心态去建设接纳创新的环境。

阮俊: 通过项目引领团队,改变的是文化生态。学校将项目承担作为发展学校、提升团队、改变文化的工作主题之一。开学至今,校区有20多位老师承担了十几个项目,很多老师都是通过承担一个个具体项目,收获了不同程度的成长。校区召开了以

"丰富项目管理内涵,促进学校品质提升"为主题的员工大会,交流会上,老师们以一节课的设计、一次学生展示的指导、一场主题活动的策划为案例,分享了通过承担项目带给自己的成长和改变。

开展项目,就是为了实现某一目标,大家一起把事情做好。学校发展目标实现的过程,就是一个个项目达成积累的过程。一个项目的运行,需要涉及学校多个部门的配合,几个项目开展下来,整个学校的运营情况,各部门的工作状态,彼此的支撑衔接,都会不断有改进提升。作为项目负责人,有机会跟各部门人员打交道,人际交集的频率高了,收获的就是大局观的养成和协调能力的提升,这也是对自身领导力最佳的培训方式。优秀的团队需要很多具备领导力特质的成员,领导力的体现就是工作能把关,当每个人工作都能把关了,团队就和谐了,学校就发展了。

因此,项目管理既是"机会管理",更多的机会可以成就更多的老师,也是在团队里传递"努力作为,把事做好"的文化导向。当我们把心中信奉的枫叶文化和教育价值观,通过一个个具体的项目变成了现实,员工有成长,有成就,就会产生幸福感,就会有人才的涌现。在枫叶学校,人才的标准是能承担责任,能解决问题。人才和发展互为因果关系,有人才才能促进持续发展,有发展才会促进人才的涌现。成立项目小组,给老师们一个个平台,让老师们围绕课程、围绕学生成长、围绕工作中的痛点做研究,给老师们做好学术支持和服务,校区的发展需要一步一步地归类、升华、归纳、总结,形成鲜明的办学思想、办学特色、办学风格。

现在枫叶的校区正发生着改变,既有硬件方面设施设备的改变,更有软件方面精神情感上的改变。面对学校发展,我们还有诸多挑战,条件需要一边干一边创造,不能怕麻烦,不能借口各种困难而不做事情，事业不等人，时间不饶人，越是艰难处，越是修行时。面对学校发展，方向很明确，目标很清晰，脚步很坚定，我们需要智慧众筹，师生同创，每天努力改变一点点，校区的改变就能一点点看见。

融汇中西、行走世界，让梦想闪闪发光
——对话上海西外外国语学校校长林敏*

走近学校

上海外国语大学西外外国语学校（简称"西外"），由上海外国语大学与上海西外投资管理公司合作创办。学校拥有幼儿园、小学、初中、高中几个学段，紧密依托上海外国语大学，秉承上外附中的优秀传统，大力引进国际最先进的教育资源。学校努力将中外先进教育理念和教育方式有机结合起来，力求使每一位学生都能最大限度实现自身潜能及价值，培养充满生命活力的、可持续发展的优秀公民和国际精英。学校创办者都具有极大的投身教育的热情和相当丰富的国际教育工作背景。西外着重加强师资队伍建设、校本课程开发、教学模式创新、教学质量监控、校园文化提升，注重拓宽校际交流。

---

* 林敏，上海西外外国语学校创办人和总校长，上海市督学、上海民办中小学协会副会长。在英国利兹大学获博士学位，后在国外大学任教多年，曾担任过教授、博导、系主任、校长特别助理等职。回国后，从一块稻田办起了一所双语的国际化学校。其主张使每一位学生都能最大限度地实现自身潜能及价值，强调促进学生各种素质的和谐发展。

西外校园

西外认为学校有责任努力培养出一大批为国内外一流大学及未来社会所青睐的"精英人才",这些"精英人才"并不是以其出身背景来界定,而是以他们将来对社会的贡献大小作为评判标准。

对话林敏

16岁的人生可以怎样丰富多彩?一个名叫王越成的少年可以满足你的所有想象:流利掌握汉语、英语、法语,利用社交平台教法语和雅思,赚来的钱不仅自己付了全部学费,还带着外公外婆环游了大半个中国;深入无人村,用无人机和水下相机,历时三个月拍摄呼吁保护地球的纪录片《自然即一切》,水准达到"央视"级别;去过十几个国家五十多个城市,在伦敦、纽约、巴黎、罗马,用民族乐器即兴演奏"快闪",向海外传达中国文

林敏校长

化的博大精深；为贫困山区的孩子建图书馆；给藏区孩子送上暖心暖身的"寒衣"；学业成绩也一天比一天出类拔萃，校内外各种比赛都拿了金奖或一等奖……

"我喜欢西外，在这个十五年一贯制的全生态教育体系里从小学一直读到了高中，这种感觉是很微妙的。一所好学校并不是排名越靠前就越好，而是适合的才最好，我就是一个活生生的例子。我相信我的能力在同龄人中，是闪亮的，但是这是西外打磨和浸润出的光芒。"王越成说。

王越成口中的"西外"，是上海外国语大学西外外国语学校的简称，这个14年前在一片稻田里诞生的教育实验沃土，正沿着"培养未来国际精英"的目标一路前行。

"王越成就是一个有着典型'西外'基因的学生，他的双语能力不是一种分值，更是一种可以终身发展的素养！"西外总校长林敏博士说。西外在办学之初，就坚持中西融合，以中国的母语课程为主干,以母语文化及中国身份认同为基石,引进、吸收、融合西方优质的教育资源及课程。

"双语、多元、跨文化、培养孩子的全球意识及国际公民的素养,但其内心的身份认同和情感归宿,则根扎脚下的坚实土壤。"林敏是一位"海归校长",拥有复旦大学本科学位和英国利兹大学博士学位,曾在利兹大学任教,后又到新西兰怀卡多大学教书,做过系主任和校长特别助理。在众人的眼中,他是一个教育的理想主义者。"我希望西外培养的学生,能融合不同的文化、思想和社会资源,在一个多姿多彩的世界大舞台上,游刃有余,得心应手。"林敏说。

也的确如此,无数个像王越成一样的小双语人在西外成长,多年参与上海市高中国际课程本土化实践研究的课题主持人孙琳琳老师的工作室存放着很多这样的学生成长之路上的闪光点:他们在中英文创意写作课程体系下写出漂亮的双语小说,演讲、辩论屡次夺冠,戏剧表演荣获上海市中学生戏剧大赛多样奖项,"筑梦公益"被评为全国中学生社团大赛最佳社团。从教30多年的来自美国加州的校长Lupita Sanchez在西外交流了一个星期,她坦言,没有感觉是到了一个远隔重洋的东方国度,"这里的学生文化丰厚,生活多彩多姿,他们自信、热情,我感觉更像是到了小小的联合国"。

鼓励师生具有批判性、创造性思维

澎湃新闻:您如何理解并践行真正的全人教育?

林敏:经历了改革开放四十年的中国进入了新时代,在世界舞台上日益担当重要的角色,西外外国语学校的使命在于培养适应未来全球化、融汇中西、行走世界、有根有源的世界公民和社会精英,而不止于学生的升学深造。我们鼓励学生发展独立性、

林敏（左）所扮演的柏拉图与剑桥大学国际考评部首席执行官 Michael O'Sullivan 扮演的孔子在西外的开学典礼上互动对话

批判性、创造性的思维，主动发展其智力、审美和体魄的潜能。求真、树人、厚德、人格至上，并使之渗透在全面育人体系中。

澎湃新闻：学校对于教师的选拔有什么样的要求，又有什么具体的培养举措？

林敏：校园应该是书生的天下，我们有一条"军规"：不读书的老师，不重用，不提拔。

真正灵动的课堂是中西融合的课堂，我们给老师创设机会进行教学擂台赛，让老师把每一堂课都上出彩。

西外面向全球招聘优秀的管理人员和教师，师资配备精良，结构合理，拥有国内外硕士、博士学位者越来越多，相当比例的教师有在美、英、澳、新等国家学习工作的经历，不少教师能进行双语教学，还有80多位外教。他们中有学科带头人和经验丰富的特级和高级教师,有年富力强的中年骨干,还有朝气蓬勃、积极进取的年轻老师,真正形成了"老、中、青"相结合的教学梯队,为西外高质量的教学和可持续发展奠定了坚实的基础。

除了学校创办者都具有相当丰富的国际教育工作背景外,学校还特邀哈佛、耶鲁、牛津等学府的教育专家及欧美政治、经济界领袖组成学术顾问委员会。为了营造激励性、多元化的国际教育环境,学校由中方和外方校长及教师共同参与管理和教学。

更看重孩子的"底色"

澎湃新闻:学校招生时看重学生哪些品质?

林敏:我们更看重孩子的"底色",希望我们的学生不仅能独善其身,更应兼济天下。优秀的学生不只是学业优异,更体现在其人文素养、社会责任、心理品质、领导和组织能力等各方面的才能。

教育的最终目标不仅是考试,学生不是被动接受知识的载体,学校需要培养的是有独立自主能力的学习个体,所以我们会鼓励学生自主参与课程建构的过程。我们积极开展各类活动,以"创意、行动、服务"为树人目标,在开阔学生全球视野的同时,也为其具备21世纪核心素养、全球化竞争人才所应有的综合素养做好准备。

澎湃新闻:国际课程如何与传统课程相互借鉴和互补融合?

林敏:西外一创校就坚持立足本土,中西融合的办学模式。2014年成为上海市教委特批的21所国际课程试点学校之一,2017年又获得剑桥大学国际考试委员会CIE授权并开设剑桥课程IGCSE & A LEVEL、美国大学理事会授权并开设AP课程(美国大学先修课程),成为这21所学校中第一所同时开设英、美双 A 国际课程的国际高中。

　　市教委批准我校为 2014 年上海市普通高中国际课程班试点学校时,我想更看重的是我们的独立课程开发能力,当时我校都是自创的课程,是唯一一所没有跟国外签约全盘引进国外课程的学校。我在国外工作生活了 20 多年,对于中国文化的底蕴和西方教育体系都有了解,因此我们的探索是:不必一开始就全盘引进国外的现成课程,而是在自创课程以及中西融合课程上先行探路,确立自有课程设计实施的主导力,再逐步引进、开发、整合国外课程。经过十多年的探索,我们走出了一条中西课程、课堂融合的新路。

　　我校国际教育经过多年的探索,在课程设置、师资配备、中外合作、学生管理等方面已经较为成熟,每年都有不少毕业生进入国内外一流知名高校。

不可能预设学生的未来

　　澎湃新闻:大数据、人工智能(AI)等新技术是否对教育带来了挑战?

　　林敏:人工智能是对人与人的关系、人与社会的关系的重构,硬技能会被算法、机器人等各种人工智能取代,但软技能很难被取代。我们要做的,就是培养孩子对于未来的适应力等软技能,注重个人与社会情感联结的培养,因为人的情感、想象创意是很难被人工智能取代的。大数据、人工智能等新技术对于我们传统的教学带来了挑战,对于孩子,我们不应该是灌输,而应该让他们自己去体验,每一个个体都是如此的不同,我们不可能为他们预设未来,而应该引导他们自己去探索。

　　澎湃新闻:如何培养学生的生涯规划意识?

西外独具特色的行走课堂

林敏：我们的世界正在飞速变化，创造着一个我们不确定的未来。全球工作环境将不断变化，我们的学生将需要新的技能。

我们应该把孩子的成长阶段考虑得更长远一些，生涯规划不应光看基础教育这一小段。我们要培养孩子的深度思考力、表达力、沟通力等这些未来需要的能力，充分观察、分析、追踪他们进入大学后的适应情况、工作后能否对社会有责任和贡献、个人是否有幸福感。

别具特色的行走课程

澎湃新闻：西外的行走课程独树一帜，为何会有这样的设想，又是如何坚持了十多年不间断的？

林敏：我前不久带着我们几个老师去贵州、重庆探路，这次新的黔渝行走课程将会让学生们到中国最大的射电望远镜——"中国天眼"去看一看。2019年春暖花开时，西外的初高学部的师生们，会站在这个神圣的"天人之交"处，用自己的双眼，更用自己的"心眼",与"天眼"相连。用手触摸历史,用脚丈量世界,这就是我们开设行走课程的初衷。

行走课程更多的是培养学生的格局和胸襟,如果孩子的成长地平线只在几幢教学楼之间,他就只能是麻雀而不是雄鹰。

创校起至今,行走课程坚持了14年,从未间断,每年几百名学生在老师的带领下行路读书,共同寻找生命的意义。我们师生去过纽约、伦敦、多伦多,也一起重走丝绸之路,到井冈山观星星之火,去黄帝陵寻根问祖,在黄河壶口瀑布边展开历史遐想,从延安到梁家河窑洞感受民族复兴之梦,到草原戈壁大漠体会东西方文明交汇融合⋯⋯在路上,师生们手拉手、心连心,倾听每一片土地诉说自己的故事。

每年西外的行走课程,师生们总要去行走路上当地的留守儿童学校,与当地学校的师生们交流分享,十多年来,都是如此。

我们还推出了西外教师团队的集体支教计划,从西外总校长开始,每位老师都会有机会轮流去西外行走路上结对的学校进行交流支教。这我们不仅是去帮助这些留守儿童学校,更是互惠互助互学的交流过程。也许,从这些学校纯朴真诚的师生中,我们更能感受到教育的深层价值与本质。在青山绿水、简朴生活的自然环境中,更能体会到身处大都市生活中所缺失的教育与生命的真谛。

每个孩子都是独一无二的
——对话上海民办包玉刚实验学校校长吴子健*

走近学校

上海民办包玉刚实验学校(简称"包校")是一所开创性同时具有国际视野的中国学校。学校成立于 2007 年,是一所非营利的双语学校,由包氏家族为纪念爱国爱乡的企业家、政治家、慈善家、已故船王包玉刚爵士而创建。学校提供小学一年级至高中十二年制的学历教育,融合了中国及国际先进的课程元素。义务教育阶段采用上海课程融合精选国际课程的"上海+"课程,高中阶段为"国际+"课程,即剑桥 IGCSE 课程、IBCP 课程融合中方四门课程。

包校提供创新的双向沉浸式双语教育,倡导全人教育,致力于学生在智力、情感、体魄、社会等各方面的全面发展,培养学生成

---

* 吴子健,拥有 40 多年教育经验的特级校长,曾任上海市建青实验学校校长,现担任包玉刚实验学校总校长。上海市九年一贯制教育专业管理委员会主任,上海市民办中小学协会副会长,华东师范大学青少年发展研究中心特聘教授。具有幼儿园、小学、中学教育的理论与实践经验,从 20 世纪 90 年代起从事教育国际化与双语教学的实践与研究。

包校高中校区

为热心、有责任心的21世纪世界公民。自2007年创办以来,包校始终坚持"发展全人教育,传承中华文化,拓展国际视野"的办学使命,秉持"仁、义、平"的核心价值观,努力实现"今日兴学,为明日中国;今日兴教,为未来世界"的宏伟愿景。

包校分为小学、初中以及高中部。小学部位于上海市中心的长宁区,实行走读制;初中和高中部位于虹桥校区以及上海松江区,采用传统英美寄宿模式(亦可选走读)模式。

对话吴子健

12年是一个孩子从小学到高中毕业的时间,也是包校的年龄。2007年包校成立之初,就立下了梦想:为明日中国打造一座世界级学府。12年前,包校创立时的第一批一年级学生,和包校共同成长了12年后,2019年也毕业了。

吴子健校长

衡量一所学校是否成功,要看学校的学生有什么收获。在包校创办12周年之时,继续不忘初心,践行使命,朝着"今日兴学,为明日中国;今日兴教,为未来世界"的宏伟愿景朝前迈进。

"每一个孩子都是独一无二的。"包校总校长吴子健说。

你与别人一样吗?你有什么不一样?你喜欢与别人不一样吗?这是包玉刚实验学校小学部老师会在一年级新生入学时提出的问题。这看似简单的三个问题,实际上却蕴含着深刻的哲学思想。古希腊著名哲学家赫拉克利特曾说:"人不能两次踏进同一条河流。"因为当人第二次踏入这条河时,所流淌的水流便是全新的了。所以他还曾说过:"太阳每天都是新的。"同样,一个教师在一辈子的教育生涯中不可能遇到两个个性完全相同的学生。因为每一个学生都是独一无二的。同样,每个教师与行政员工也应该是独一无二的,包玉刚实验学校也应该是独一无二的,而这也正是"全人教育"的思想体现。作为教师和家长,应当尊重每个孩子的独特性,要善于发现孩子身上的闪光点。

培养国际化人才

澎湃新闻:包校的使命是发展全人教育、传承中华文化和拓展国际视野,如何培养学生成为面向21世纪的国际化人才?

吴子健:包校一直致力于支持学生的全面发展,塑造其"仁、义、平"的核心价值观,培养学生待人友善、公平正义、平衡处事等优秀品格。同时,包校也十分重视学生双语能力的培养。我们的目标不仅仅是让学生拿到毕业证书,还要让他们拥有扎实的中英文阅读和写作能力。包校希望激发学生对于中华文化的兴趣和热爱,帮助其了解并掌握相关知识,同时也培养他们成为面向21世纪的国际化人才。

国际化并不是一个抽象的概念,也并不是少数人才与此有关,它深刻地影响着每一个人的生活。教育国际化也是如此。随着经济全球化的发展,教育国际化日益成为教育改革和发展的热点话题。由此可以看出,必须提高我国的教育国际化水平,提升国际化人才的四个方面的素质。国际化人才的培养与每个中国人的素质提升息息相关。我们今天需要的国际化人才,不仅仅只是懂得外语,更多的在于能够具有国际视野、通晓国际规则、能够参与国际事务和国际竞争。

我认为,国际化人才至少要具备如下三种能力:

一是具备良好的双语能力。对于学龄前儿童来说,要听得懂、讲得出、能交流、会理解。而对于小学、初中和高中生来说,母语(汉语)要达到教育部规定的基础教育阶段语文学科教学大纲的要求,第二语言(英语等)达到第二语言所在国家课程教材教学的要求。

热爱运动的学生

二是具备创造性思维与动手能力,包括实事求是的科学精神、反思与独立思考的能力。具备"目标学校"同年级课程学科的基础知识、基本技能与思辨能力;具备演讲表达能力,良好的撰写报告能力;发展批判性思维,能够以独立的眼光对自己和社会行为进行不断反思。

三是具有优秀的品格与良好的心理素养。具体表现为:传承中华文化,坚定文化自信,加强文化担当,树立民族认同感,尊重多元文化的价值观,能用多元视角看待世界,有较强的跨文化沟通能力;具备均衡发展的能力、健康的心理素质,并有坚韧的意志品格。

运动让孩子更阳光自信

澎湃新闻:如何理解包校的"全人教育"?

吴子健:"全人教育"就是要让孩子拥有自信、阳光、关爱、诚信的品质。

澎湃新闻：自信、阳光如何培养？

吴子健：包校不仅仅关注升学率，更注重培养能够伴随学生一生的习惯与能力。通过体育、艺术和音乐等丰富多彩的活动，发掘学生潜力，提升创新能力。

尤其是在体育方面，包校的体育运动时间小学每天不少于90分钟，初高中每天不少于120分钟。

澎湃新闻：这么长时间的运动如何确保？

吴子健：体育课在包校高中阶段仍是主课。中午的时间，还有下午3点半到4点半一个小时的课外活动是雷打不动的。课间休息和晚自习后进入寝室前，学校也为学生参加体育活动提供各种条件。小学部学生中午也有一个小时的活动时间，出出汗后再吃午饭，再加上体育课和其他的活动，每天90分钟也完全可以保证。包校的孩子们都乐于参加各类活动，除了恶劣天气以外，无论是下雨、刮风还是下雪，许多孩子都穿短裤短袖在操场上运动。

松江校区的操场比较大，长宁校区的操场并不大，但是我们会把每一个空间都利用好，比如体育馆、游泳池甚至礼堂都被利用起来，培养孩子的毅力和团队精神。

虽然我们没有在招生的时候专门做体育测试，但是从精神状态就可以看出孩子平时参加体育活动的时间投入和兴趣爱好，可以看到孩子的阳光自信。

事实上，孩子在体育方面的发展和家长的投入也有很大关联，包校家长们全力支持孩子们参与各项体育运动——田径、游泳、足球、排球、旱地冰球、网球、骑马、高尔夫等。冬天放假的时候还会到东北、张家口以及日本等地滑雪。孩子们在体育锻炼方面很自觉，也形成了一种学校文化——运动的孩子最阳光自信！

包校还有专门的 Run-A-Way 骑行俱乐部，由 500 多名学生、家长、老师组成。俱乐部组织了许多热门的骑行活动，其中环两湖三岛自行车骑行（即台湾岛、海南岛、崇明岛，太湖、千岛湖）尤其有名。初中部的同学环岛骑行可以骑 900 多公里，小学三年级学生可以骑 400 多公里，在锻炼身体的同时也实现了考察社会的目标。包校还积极将体育活动与公益事业结合起来。为帮助罹患血液肿瘤的贫困家庭患儿，给他们重获新生的希望，由包校、上海市民办平和学校、上海市民办中芯学校、上海星河湾双语学校、上海市协和双语学校五所学校的学生共同组建的"青春骑盟"自行车骑行联盟在 2017 年 4 月 4 日发起了"我骑一公里，你捐一块钱，让 TA 和我一样健康成长"的公益慈善骑行活动。

每年的校外拓展活动是包校的一大特色。包校每年都举行"知行中国"活动，为学生在传统课堂之外进行探索和自主学习创造了很好的机会。在传承中华文化的同时，学生们走遍中国的大好山河，用自己的双眼观察祖国的每一个角落，用自己的双脚丈量神州大地，收获的是对中华文化风俗的理解，是深深的民族自豪感。

每年 10 月底，四年级与五年级的学生们还会去莫干山等野营基地，由教师带着各个年级的孩子到野外进行为期一周的拓展训练。他们将学会怎么使用指南针，怎么使用手边的一些常用的材料来制作滤水的工具。在野外的生存训练过程中，孩子们的意志品质、相互配合的能力得到了提高。许多课堂上学不到的东西，在此时都能够充分地去体验。

学校没有英语教材

澎湃新闻：听说包校的英语课没有教材，那如何提升学生的英语能力？

吴子健：这就是我们提倡的阅读的力量。包校没有英语教材，语言学习主要通过阅读来实现：仅仅从学校图书馆的借阅量来看，小学部每人每年的阅读量就达到 110 本书之多，如果加上孩子与家长在各类书店购买的图书，向其他同学借阅的图书，则每人每年的阅读量有近 300 本，而中学部则更多。包校学生如果有想看但图书馆暂时没有的书，不论是哪个国家的，只要在图书馆登记，把书名写在纸上并贴在门口处的小黑板上，老师都会想尽办法找到，哪怕只是为了一个学生。

除了图书馆内的大量中外图书以外，包校还在上海图书馆的帮助下建立了网上阅读渠道，学生可以通过网络阅读上海图书馆的所有图书。此外，包校还引进了分级读物。为了更好地提高阅读能力，应当阅读与其能力相匹配的书。目前包校采用的是蓝思阅读法，对孩子的阅读能力进行分级。其他分级方法比如五指法，也能帮助孩子找到与其能力匹配的书籍，并根据孩子感兴趣的主题和内容挑选合适的书籍。

语言学习就像是骑自行车，先学会骑再了解构造。根据每个学生的英语能力分级，老师给他推荐比他这个级别略低一点的读物进行阅读；阅读上可能暂时会碰到一点困难，但随着阅读量的增加，学习英语的兴趣也会不断加强，英语能力就会有很大的提高。在这种培养模式下，包校学生的双语水平非常好。有一次我接待了牛津大学校长夫妇，当他们与五年级学生交流后就对这些学生说，你们中学毕业以后就到我们牛津大学来深造；包校学生参加哈佛国际辩论赛获得第三名，并在全国中学生英语辩论赛中获得冠军。

要学好第二语言，首先必须学好母语。这与包校"传承中华文化"的办学使命也是一脉相承的。包校每年都举行中国文化周

大量阅读的学生

活动,开展中华经典诵读、让学生学习名著。所以包校学生参加上海市的小学、中学学科能力测试,不仅英语成绩遥遥领先,而且语文与数学也能获得很好的成绩。包校每年参加全球国际学校组成的国际学校联盟的学业考试,其中许多国际学校都是名校,包校学生的数学成绩明显高于其他学校,英语和其他学科也比一般的学校要好。由此可见,无论是在国内接受双语教育及国际课程的学习,还是选择出国留学,只有真正实现中西文化的交融、中外课程并重,才能在教育国际化中立于不败之地。

澎湃新闻:如何通过课程设置锤炼双语能力?

吴子健:包校认真贯彻实施《包玉刚实验学校课程方案》,推进中学课程与小学课程相互衔接,在实施国家课程的基础上引进、吸收IB课程和IGCSE课程的理念与教材,逐步构建了相互渗透、融合、优势互补的新型的课程方案:独具特色的"上海+"课程和"国际+"课程，旨在为学生们未来的主动发展打下扎实的基础。

"上海+"课程依托上海中小学课程平台，以上海市义务教育阶段的课程与教材为基础，使用并遵照上海市义务教育阶段课程方案教授基础课程，确保学生掌握上海义务教育阶段课程方案中要求学生掌握的知识与技能、过程与方法、情感态度与价值观。同时，选择、引进和借鉴部分国际教材，充分利用中外教学资源，消化吸收优秀教学理念、目标、内容及评价机制。高中采用剑桥IGCSE课程及国际IBDP课程，同时在理事会、学校领导和管理团队的全力支持下，开设四门中国课程（语文、地理、政治和历史），共同构成了包校独特的"国际+"课程。

我们认为，中西课程在包校是完全可以融合的。课程的发展实际上也是一种教育思想的发展，因为它本身就是一种融合创新的过程。在全球化的今天，世界离不开中国，中国也离不开世界。中外课程互相学习借鉴是主流发展趋势，我们对中外课程进行了比较、研究、吸收和融合。包校的外籍学生也非常喜欢学习中文，他们的中文都说得非常好。

父母要善于发现孩子独一无二的闪光点

澎湃新闻：在家校共育的过程中，您对家长有什么建议？

吴子健：每个孩子都是独一无二的，家长要善于发现孩子身上的闪光点。我在40多年从教生涯中见过很多的家庭，家庭教育对孩子的成长十分重要；而良好家庭教育的起点，就是顺畅的亲子沟通。

经常有家长看不惯自己的孩子，觉得孩子哪哪都有问题，想要尽快通过管教来纠正。的确，每个孩子都有自己的弱项，但家长也要善于发现孩子与众不同的地方，这是他今后能够不断创新的起点。

　　我可以举两个例子。一个是拆学校卫生间马桶水箱的男孩的故事。有一次学校的保洁工在打扫卫生时发现一年级的卫生间里有声音，进去一看发现是一个男孩在鼓捣水箱。保洁工把结果告诉了上课的老师，老师问学生为什么要拆水箱，学生说他要研究水箱冲水的秘密。我们这才知道，前一段时间，水箱经常漏水，就是因为这个孩子去研究水箱的秘密而造成的。那天孩子在拆水箱时，正好螺丝帽掉到马桶里，孩子无论如何都装不上。我们认为，简单的批评教育不能解决问题，所以把孩子的家长请来了解情况。家长告诉老师，孩子懂事之后，就把家里除了父亲的名贵手表外都拆过一遍。老师问："为什么在学校里面研究水箱而不在家里研究水箱？"孩子回答："因为家里的水箱是连体的，学校的马桶与水箱是分体的。"问题发生之后，我们也和家长进行了沟通，一是肯定了孩子善于动手、善于研究的良好品格，同时也对学生进行了批评教育。后来，家长给孩子买了一个分体式的抽水马桶，学校也为他提供了更多的科技创新的动力与研究平台。这个孩子后来在香港举行的国际乐高比赛中获得了冠军。这个故事可以说明，对孩子教育和培养，首先应该要给他发现自己能力的空间和机会，同时也要注意引导。

　　另一个例子是科技小能手小黄同学。他曾经是一个"熊孩子"，四年级时经常玩游戏到凌晨4点，家长不得不把游戏电脑收掉。他六年级转入包校，七年级的时候入侵了学校的电脑系统。我们发现这个问题后，除了进行批评教育，更多的是鼓励他在信息技术方面能够更好地发展，还让老师为他补落下的文化课。这名学生后来继续钻研技术，获得了国内外很多大奖，他所设计的智能校园环境监测系统也在包校正式上线。现在他已是一名大学生，凭借科创能力进入了理想的海外大学。

我想对家长说，只有适合自己孩子的教育才是最好的教育，不能一味按照自己的模式和自己曾经的成长过程和经验来要求自己的孩子。这种教育方式会有意无意地伤害到孩子。应该多和孩子进行沟通交流，尊重他们的想法，所以要尊重孩子，让孩子在家长面前能够说心里话。这比命令孩子"应该这样做"或者"应该那样做"的效果要好很多。

家长还应该保证每天至少有一个小时的亲子时间，在与孩子一起阅读、活动或者游戏的过程中增进与孩子的交流。

教育的本质是发展学生，教师要率先垂范

澎湃新闻：包校的教师团队来源如何，又如何保证教师的工作激情？

吴子健：包校拥有一支充满活力与教学热情的国际化教师团队。教师和助教们拥有不同语言和文化背景，他们来自中国、美国、英国、加拿大、澳大利亚和新西兰等国家。目前，包校超过40%的教师拥有硕士学位，他们分别来自哈佛大学、牛津大学、哥伦比亚大学、清华大学、复旦大学、香港中文大学等名校，平均教学经验超过12年。这支资历深厚、教学经验丰富的教学团队以母语进行授课，同时积极组织参与各种学校活动，在课堂内外传播中西方语言和文化。

包校非常重视教师培训，学校会定期邀请中外专家对教师进行职业发展培训。这些专家包括来自英国伊顿公学以及上海多所著名学校的前任校长。此外，为协助教学活动的顺利开展，我们还配备了助教辅助教学，并设置学生心理辅导员一职，全方位关注学生成长。

教师是一种和人高度相关的职业，而教育就是用生命影响生命的过程。我们希望每一名包校的老师，尤其是中层管理团队，

都可以保持开放和求知的态度，不断探索，提升自我认知，激发教育热忱。教师的进步也必将能够传递给学生，帮助每个学生得到更好的发展。

包校希望，每位老师都能够成为一个终身学习者。包校坚信，教育的本质就是发展学生，发展自己。我们希望学生成为终身学习者，老师们更需要以身作则，成为终身学习的典范。

"仁、义、平"是包校的核心价值观："仁"强调理解包容；"义"强调为自己的情绪和行为负责；"平"强调意识到人与人之间的不同，在尊重自我独特性的同时理解世界的多样性。这样的核心价值观也渗透在每一位包校人的心中——每一个孩子都是独一无二的，所以更要鼓励差异，因材施教。

第一所中美合作高中
呈现特别的教育张力
——对话上海七宝德怀特高级中学校长王芳*

走近学校

上海七宝德怀特高级中学是由上海市七宝中学和美国纽约市德怀特学校合作成立的，获上海市教育委员会批准设立、中国教育部备案的上海第一所独立设置的中外合作高中，也是中国第一所独立设置的中美合作高中，2014年9月正式开学。

2015年6月，经国际文凭组织（IBO）授权，成为IB世界学校，开设IBDP项目。

2018年7月，经剑桥国际教育评估体系（Cambridge Assessment International Education）授权，开设A level课程。

学校的办学使命：探索高中阶段中外合作办学的可行模式，

---

* 王芳，上海七宝德怀特高级中学校长。华东师范大学教育领导与管理博士。曾经在一所医学专科学校从事了10年的教学工作，后跟随叶澜教授领衔的"新基础教育"研究团队从事学校转型变革研究，在学校管理和课堂教学的改革方面有着多年的研究经验。2011年，在闵行区教育局负责闵行区基础教育阶段的国际教育发展规划和推进工作。2012年，进入七宝中学协助仇忠海校长全程筹建上海七宝德怀特高级中学。2014年担任七宝德怀特高级中学校长至今。

七宝德怀特高级中学校门

开发中西融合的国际化课程体系,改变育人模式,为培养国际化创新型人才奠定基础。办学理念为:为每一位学生的美好人生奠基。办学目标则是创建成为"以我为主、优质引领、公益导向"的高水平、国际化的中外合作高中。

培养目标为培养具有"全球视野、中西融合、科文并举、精英气质"的优秀高中生。

对话王芳

校长王芳谈起创校经历,如数家珍。

全球化时代的到来,上海教育国际化战略的提出,闵行各界领导对教育的支持,以及上海七宝中学老校长仇忠海和美国德怀特学校校董 Stephen H. Spahn 对教育梦想的共同追求,让中美两所学校跨越国界的教育合作成为现实。2014 年 2 月,上海诞生了第一所独立设置的中外合作高中、中国第一所独立设置的中美

王芳校长

合作高中——上海七宝德怀特高级中学。

学校为学生提供了全面发展且富有个性化的学习课程,学生可以在语言与文学研究、语言习得、个体与社会、科学、数学、艺术等六大学习领域中选择不同层级水平的学术课程和"金木水火土风"六大主题、方向的选修课程和项目课程,以及知识理论、专题论文、创新行动服务三大核心课程,让学生兼顾学科领域的全面均衡和学生学习能力、兴趣、志趣的个性差异。

学校为学生创造多元文化交流、体验、实践的平台,学生可以申请到德怀特学校的纽约校区、伦敦校区、迪拜校区、首尔校区修读短期课程学分,体验不同国家的教育文化氛围和学习方式;也可以参加我们的"世界教室""德怀特全球音乐会""伦敦合唱音乐节""首尔模联"等海外交流项目,与来自世界各地和德怀特各个校区的孩子们一起进行主题性探究、研修活动;还可以参与我们与社会组织、机构、企业、学校等一起策划的文化交流、公益慈善和社会实践活动。

学校为学生营造了"家"的温暖,每一个"家"都由中、外籍教师和学生一起构成,每一个"家"都有一个主题:Aristotle(亚里士多德)、Cai Yuanpei(蔡元培)、Da Vinci(达芬奇)、Emerson(爱默生)、Fan Zhongyan(范仲淹);在"家"中,每一位成员都可以与老师、同学共享和分享不同的思想观点、经验优势、志趣爱好;在"家"中,每一位成员都是彼此成长道路上的人生班级导师和合作伙伴。

我们希望学校生活洋溢着人性关怀、平等友善、智慧启迪!

强强联手体现教育的张力

澎湃新闻:请用一句话总结一下七宝德怀特的最大办学特色?

王芳:七宝中学"全面发展、人文见长"与德怀特学校"点亮每个孩子的智慧火花"中西文化基因的融合,赋予七宝德怀特"多元与包容,合作与创新"的文化特质;两所名校的资源共享,带给七宝德怀特"全球化的发展平台和国际化的办学视野"。

我觉得中外合作办学带给学校教育因中西融合而生长和孕育出独特的教育合力与张力。

教育的张力可以理解为教育通过承受不同要素之间的冲突与融合,从而激发其潜在和内在活力的过程。在本土化与国际化、传统与现代、保守与开放、统一标准化与个性选择化等诸多看似矛盾但实则统一的要素之间摇摆,最终达到对教育的丰富和完善。教育正如同一根丝线,在两端作用力的拉扯下不断承受张力,进而可能产生此消彼长,或积极或消极的变化。举个例子,教育的张力可以体现在本土化与国际化的冲突中。一方面,全球

中外学生共同参加体育比赛

化带来了文化和教育的融合,另一方面,外来文化与本土文化的冲突又产生了焦虑,是更多的保留本土学习传统,还是加入许多源自西方的教育理念?这一问题困扰着每一位国际教育者,教育的张力越大,承受这种思考冲突的能力就越强,愈能看到不同角度不同维度呈现的差异或对立面,也就愈能在冲突分歧中衍生出新的想法,诞生出可能带有突破性的新的符合中国国情的教育理念,和富有活力甚至不可预见的教育实践新形态。

中教外教招聘严格、管理人性

澎湃新闻:师资是一所学校品牌的保障,学校对于教师选拔有什么样的要求,对教师有哪些培养举措?

王芳:从创校伊始,我们就非常注重师资队伍的选拔与培养,这两年更是主动调整和优化教师队伍。

首先，基于学校多元文化和多样性的思考，我们非常关注和主动建构中外教师的生态比，外籍教师占40%左右，中方教师占60%左右，包括同一学科组招聘老师，我们会关注学科研究方向的多样性、共同的学科素养基础和个人价值取向。

其次，好的师资是一所学校教学质量和品牌建构的保障，建校伊始我们就严把招聘入口关。学校在招聘教师时，尤其招聘外教时，会借助 Search Associates、国外教师招聘展会、课堂试教、德怀特纽约面试以及背景调查等多种方式确保能招聘到比较理想的教师，关注外教在中国的稳定性，其对中国文化的认同，是否有在中国或其他国家教学的经验或者教过中国学生。

第三，注重校外培训和校内培养的结合，给教师提供多样化、高水准的专业发展平台。作为 IB 学校，但凡 IBO 的教师培训工作坊，我们都尽可能组织相关的老师去参加培训，及时了解学科发展和评估要求，提升教师 IB 学科素养。此外，我们的合作学校纽约德怀特学校是美国最早开设 IB 的 K12 学校，很多教师本身就是 IB 全球培训官，朱·迪安校长也是 IB 全球校长理事会的 7 位成员之一。所以，从建校伊始，每个暑期的教师培训和学期的教学督查，都有纽约德怀特学校的教师过来指导和培训。有一些学科，如数学、经济、中文等，我们还特别聘请在这个学科领域的全球资深专家过来指导。

学校内也有一些老师是 IB 资深考官或培训官，所以在校内我们开展了针对新教师的 TTP（从助教到教师）学习工作坊以及面向所有老师自主参与的 8 个主题的 PCL 工作坊。每年我们都会招聘一些应届高校毕业生作为科学助教，通常是 985 高校或海外留学回来的硕士、博士，他们学科素养好，英文也不错，愿意尝试 IB 双语教学，只是缺乏教学经验和跨学科学习经验。通过 TTP 工作坊，学校形成了"五步走"培养计划。第一步，熟悉科学实验室，协助外教进行教学。包括：① 协助外教采购实验教学所需要的实验器材和实验药品；② 清理实验器具，整理实验器材，登记造册，做好实验室安全管理工作；③ 协助外教开展实验教学，准备实验用品、进行课堂演示、指导学生做实验等。第二步，开设选修课、学生辅导工作坊，积累课堂教学经验，熟悉学生学业情况。第三步，跨学科实验室轮岗，熟悉其他学科实验室，了解不同学科教学要求，观摩不同学科教师授课。为确保每一学科正常教学，通常同一学科的两名助教，一名在其他学科实验室轮岗，另外一名在本学科实验室协助教学。第四步，由一名富有 IB 教学经验的外教开设教学工作坊，围绕课堂教学管理、课堂教学策略、不同学习风格的有效教学、单元教案设计、课堂教学合作等 8 个主题进行互动、浸入式研修。第五步，指定一位学科带教老师，进入课堂实战教学。从一节课教学到一周教学再到一个单元教学，学科带教老师负责给出课堂教学反馈建议，进行教学指导。最后进行工作坊结业答辩。每个助教要准备好整个学习过程的资料，以海报、PPT、视频等不同方式来汇报学习结果，并回答导师团队的问题。

第一轮从助教到教师的学习工作坊结束后，再进入到 DP 教师工作坊。新教师从 TTP 工作坊受益匪浅，一位助教就写到："我非常感谢 Wendy 老师为这个项目的投入和付出，她对于我个人教学方式的改进、思考方式的提升有很大的帮助。培训形式是每周五下午放学后，老师们就一个主题进行讨论，比如对课堂管理、教学策略、评语书写等发表自己的见解，模拟课堂，从而讨论改良方法，Wendy 也会给予非常有价值的建议。工作坊分享了很多实用的技能和工具，也让老师们了解到了 IB 教育的理念。"另一位助教写道："之前参加的关于写评语的 workshop，让我了解到如何从积极的一面来评价学生，同时给予学生个性化的指导意见；也让我明白有问题需要及时沟通，不能等到最后才反映在评语中；以及评语对于学生的重要性。"

培养有素养的国际公民

澎湃新闻：学校招生时看重学生哪些品质？学生在高中三年应掌握和具备哪些通用技能和品行？

王芳：这几年，随着七宝德怀特办学越来越成熟，学校的招生目标和定位也更为清晰明确，呈现出操作正规、评价综合、学生体验丰富的特点。学校严格遵守上海市中招时间表和工作流程，规范地开展校内自主招生考试，并有针对性地指导预录取学生利用暑假进行在线课程学习做好国际课程学习的衔接准备。对于申请报名的学生，学校将从学术能力、语言水平、兴趣特长、合作交流和报考意向五个方面，对学生进行全面的综合评估。学生不但要在申请表内诚信填报初中的学业成绩，也需要完成一篇类似国外大学文书的自荐信，以促进并考量学生的自我认知和反思能力。自主招生考试当天，学生需要进行数学、英语两门笔试测试，以及参与中文演讲、英语小组讨论等面试活动。此外，学生还会参与学校的团队活动、科学实验和大使交流项目，亲身体验真实的国际教育课堂与环境，评估自己的融入和适应能力，为自己的择校做决定。

2019年，七宝德怀特第三届学生即将毕业。通过追踪这三届学生的三年发展，我们很容易发现学生在三年在校学习期间普遍提升的能力：自主学习、时间管理、思辨创新、团队合作、沟通表达和活动组织。而这些，也正是学校在招生阶段就对一些学生青睐有加的原因。IBDP课程作为全球最难的高中课程，本身对于学生的学业基础有比较高的要求，但是要在IB学习中取得好成绩的关键，则在于学生的学习能力、习惯和心态，尤其是自主学习能力。个性化的课程设置让每一名学生都有了自主发展和探索的机会,他们需要在课堂内外与中外教师和同学探讨学术,思考并包容不同文化背景下的各种意见,在尊重的前提下开展合作与沟通,并且及时对日常的所做所思所感进行分析消化,最终促进自我的认知和成长。

三年的高中生涯,对大部分中国学生来说,是一个极其关键的转型阶段。他们需要让自己全方位地完善学习习惯和思维方式,并通过实际行动在新的环境中去参与、适应和实践自己的想法和决定,承担和接受相应的结果,为成为一个国际公民做好准备。其中所需的技能和品质,大致包含:人际交往、情绪智力、沟通交流、抗压能力、领导合作、自我适应、观察感知、共情能力、伦理价值、解决问题、自信、学习动力、勇于挑战、成长思维、正直乐观等。这与学校一直提倡的七德精神(正直、善良、自律、合作、尊重、创新、毅力)和IB学习者素养(提问、博学、勤思、沟通、原则、开放、关心、冒险、平衡、反思)不谋而合。

随着越来越多来自前两届七宝德怀特毕业生在大学的反馈,我们很高兴地了解到,他们目前在海外大学的适应情况非常好。无论是学业课程、活动社交,还是独立生活、与人相处,七德毕业生的表现均十分出色。毕业生反思自己如今的表现,也非常认可七德三年的培养和IB学习的锤炼。与此同时,学校也希望架构更好的七德校友体系,为毕业生提供更多的全方位支持,因此正在逐步建立七德和德怀特全球校友会,并利用德怀特全球在线平台开发职业发展课程,进一步为学生的长期生涯发展提供有力的支持。

澎湃新闻: 国际课程如何与传统课程相互借鉴和互补融合?

王芳: 我们的课程由合作双方根据培养目标、学生发展需求共同设置，既保留中国核心课程（语文、历史、地理、政治），又引进国际文凭教育（IB）的先进理念、课程框架、教学和评价方式，以及德怀特学校实施IB课程的丰富经验和校本特色，构建"中西融合、优势互补"的适合中国学生学习IBDP项目的完整课程体系，培养具有"全球视野、中西融合、科文并举、精英气质"的优秀高中生。课程融合的尝试和实施主要体现在以下几方面：

（1）课程设计：国际课程和国内课程都有各自清晰的大纲，但视角和理念多有不同，所以具体课程设计和教学内容也不同。国内课程多是立足本国学生的立场和角度，而IB课程是从全球学生出发来考虑问题。比如中文学科，两类课程都关注人类优秀文化对学生的滋养。在这一点上，国内语文课程的课程目标是"要认识中华文化的丰厚博大，吸收民族文化智慧。关心当代文化生活，尊重多样文化，吸取人类优秀文化的营养"，而IB中文课程则"鼓励学生通过学习作品，理解具有不同文化背景的人们的观点以及这些观点在语义建构上的意义"。在中文课程设计中，我们会兼顾两者，既根据语文会考要求加宽加深对中国古代诗文及文化的学习，培养学生的民族自豪感；又在教授翻译作品时了解他国文化，培养学生理解、尊重和包容多民族文化的品质。但受限于教学时间，而不能更广泛全面地展开。

（2）教材：根据教育部要求和我校办学理念，我校开设了4门中国核心课程（语文、历史、地理、政治）。按照课程大纲要求，在高一设置地理学科，高一、高二设置政治与历史学科。在以上课程中我们使用了上海市普通高中通用教材：地理学科教材2册，含配套图册、练习册；政治学科教材4册；历史学科教材6册，含配套地图册。而中文学科因学时所限且需要衔接IB中文课程，所以在十年级以上海普通高中语文通用教材为蓝本，开发了中文校本课程，尽量结合两门课程的优势。比如根据体裁重新编排教学顺序来衔接 IB 中文课程中对体裁及其特点的辨别和分析应用能力需求；比如区分精读和泛读的内容来节约教学时间，但是又侧重于古诗文的选篇；再比如选择了外国多种风格经典短篇小说来开阔学生视野；另外也尽量选择整部作品而不是节选的教学来让学生适应 IB 中文课程的作品教学方式，比如《雷雨》。

（3）教法：国内课程的课堂教学采用比较多的模式是以教师授课学生跟随学习为主，国际课程往往以学生为学习主体，教师为高级参与者来开展教学。两者都有优势和劣势：以教师为主体的教学模式也有令人深受吸引的时候，会看到条理清晰且优美的传统板书，这样的课堂同样让学生受益匪浅，只是有时候会因听课疲劳而效率不高。以学生为主体的教学模式容易调动学生的积极性，学生的参与度高，对所学的知识掌握就会比较扎实，但如果老师组织不得当，也容易流于形式，使学生学不到什么东西甚至学到错误的东西。所以课堂活动设计是教师备课的重要组成部分。我们要求老师们在设计课堂教学活动的时候要兼顾两者的优势，穿插使用不同的教学方法，灵活组合不同方式，并及时对学生的展示进行更正、点评和总结，以达到高效课堂的教学目的。

（4）评估：相比国内课程的评估方式，国际课程的评估方式更多元，对能力的考察更全面。比如中文学科，传统考试通常是一份总结性评估的试卷，完全是校外考试的方式；而 IB 中文课程则包括校内评估和校外评估两个部分，以校外评估为主，但比较重视学习过程中的形成性评估。所以教学过程中会强调日常学习的重要性，但也会采用一些传统考试冲刺的复习方式。

（5）教师合作：同一学科老师们的精诚合作和跨学科老师们的互相切磋是两类课程能够优势互补的重要保障。

七宝德怀特校园

特别的制度打造特别的你

澎湃新闻：学校在教学管理、社团、课外活动等方面有哪些个性化探索？

王芳：七宝德怀特采用"学舍制"与"班级导师制"。我校采用的"学舍制（House System）"的校园管理架构，即把一所学校的学生和教师分成若干小组进行管理的制度，也是英语系国家（尤其是英联邦国家）学校的一种传统管理模式。我校在各年级 ABCDEF 这 6 个行政班的基础上，把 3 个年级的同字母行政班进行纵向连接，形成 A－F 6 个 House。全体教职员工也根据岗位、国籍等特质被平均分配到每个行政班级，形成了 House 导师组：1 名班导主任（中方教师），1 名班导助理（中方教师）和 3 名班级导师（由外籍教师和中方教师共同组成）。班导组老师的职能主要有以下划分：

班导主任负责德育教育、学业监管、班级建设、家校沟通、班导组管理；班导助理负责班级事务、班容班貌、活动执行；班级导师负责学业帮助、活动策划、跨文化交流。

相较于传统的班主任管理制度，班导组的优势体现了"组合"的力量。在同一个班导组内，教师们不但有极强的凝聚力和团队精神，更有明确的分工与合理的配置，使得班导组成员各司其职，主动参与。这样的班导组合在传统学校并不多见，是调动全体教职员工积极性的构架亮点。在学舍制体系之下，每个人都有着"家"的荣誉感和归属感，让每一次活动和每一次教育都充满着人文温度。

在七德，来自世界不同国家和地区的教师，形成了一个多元、包容的文化环境，且教师们的工作经历、人生阅历也不尽相同，如此充满多样性的人文环境让身处其中的学生们也开阔了视野，感受到了"地球村"的氛围。尤其在课外选修课、校外拓展项目中，师生近距离接触，在中外教老师的言传身教中，学生们站上了更为宽广的认知平台，拓展了自我发展的思维空间。